新时代全国高等院校体育学系列教材 · **专业基础课**

舞蹈啦啦操运动教程

《舞蹈啦啦操运动教程》编写组　编

北京体育大学出版社

策划编辑：郝　彤　佟　晖
责任编辑：郝　彤
责任校对：李光源
版式设计：李　鹤

图书在版编目（CIP）数据

舞蹈啦啦操运动教程 /《舞蹈啦啦操运动教程》编写组编. -- 北京 : 北京体育大学出版社, 2024.1
ISBN 978-7-5644-3909-5

Ⅰ. ①舞… Ⅱ. ①舞… Ⅲ. ①健美操－高等学校－教材 Ⅳ. ①G831.3

中国国家版本馆CIP数据核字(2023)第196026号

舞蹈啦啦操运动教程
WUDAO LALACAO YUNDONG JIAOCHENG
《舞蹈啦啦操运动教程》编写组　编

出版发行：北京体育大学出版社
地　　址：北京市海淀区农大南路1号院2号楼2层办公B-212
邮　　编：100084
网　　址：http：//cbs.bsu.edu.cn
发 行 部：010-62989320
邮 购 部：北京体育大学出版社读者服务部 010-62989432
印　　刷：三河市龙大印装有限公司
开　　本：787mm × 1092mm　1/16
成品尺寸：185mm × 260mm
印　　张：14.75
字　　数：356千字
版　　次：2024年1月第1版
印　　次：2024年1月第1次印刷
定　　价：60.00元

序

人才培养是高等学校的根本任务，对处于学校工作中心地位的教学工作来说，其质量建设是高等学校的永恒主题。作为传授知识、掌握技能、提高素质的载体，教材在人才培养过程中起着非常重要的作用，是高等学校提高教学质量、促进内涵发展的有力抓手。

一本好的教材，不仅要充分体现教材应有的基础性、示范性和权威性，还要正确把握教学内容和课程体系的改革和创新方向，充分反映学科的教育思想观念、人才培养模式以及教学科研的最新成果，集中展现教材体系的创新，教材内容的更新和教学方法、教学手段的革新，善于处理好理论与实践、继承与创新、广度与深度、知识与技能、利学与利教的关系，成为开阔学生视野、引导学生探索、鼓励学生奋进的学业与人生兼备的“工具书”。

从中央体育学院到北京体育学院再到北京体育大学，这 60 多年的办学历程，是继承发展的 60 年，是改革创新的 60 年，也是教材建设硕果累累的 60 年。学校不断探索教材建设的内在规律，引领高等体育教育教材建设的创新之路，发展了具有自身特色的教材体系，形成了特色鲜明的三个发展阶段。第一阶段是在 20 世纪 50 年代至 60 年代，我校教师在苏联专家的指导下，制订和编写了各专业的教育计划、教学大纲和主要教材。这批教师在主持和参与 1961 年国家体委（1998 年 3 月 24 日，国务院第一次全体会议讨论通过了《国务院机构设置和调整国务院议事协调机构方案》，将国务院体育行政部门的名称确定为“国家体育总局”，由国家体委改组而成。）组织的体育院校 18 门课程教材编著工作中发挥了重要作用；这批教材也成为我国独立编写的、对苏联教材模式有所突破的第一批体育院校教材。第二阶段是 20 世纪 70 年代末至 90 年代，我校教师在大量承担第二次重编体育院校教材牵头组织工作的同时，针对学校“三结合”的办学目标和人才培养模式，开始了多学科、多专业的自编教材建设。第三阶段是进入 21 世纪以来，我校教材建设在数量和质量上都取得了重大突破。截至 2010 年，我校建设了涵盖各专业课程的立项教材共 187 项，其中有 4 项教材获得“国家级优秀（精品）教材”称号，14 项教材获得“北京市精品教材”称号。可以说上述三个阶段的发展，使我校教材建设水平达到了一个空前的高度，为高等体育人才的培养发挥了重要的作用。

为全面提高高等体育教育质量，深化高等体育教育教学改革，继续加强体育学精品教材建设，2012 年初，在北京体育大学教学指导与教材建设委员会的指导下，我们启动了高等教育体育学精品教材建设工程。学校遴选教育部新颁布的体育学类所属的体育教育、运动训练、社会体育指导与管理、武术与民族传统体育、休闲体育、运动康复、运动人体科学 7 个本科专业的部分基础课程和主干课程开展精品教材建设。我们整合了全校的优质资源，组织专家、教授全程参与教材的规划、编写、初审、终审等工作。按照精品教材的要求，以优秀的教学团队编写优质的教材，出精品、出人才为建设思路，编委会优选学术水平与教学水平兼备、具有创新精神的专家、教授担任教材主编，组织优秀教学团队成员参与教材编写;精确定位教材适用对象，准确把握学生的专业知识结构、能力结构和综合素质，深刻领会课程内涵，简洁洗练地表达知识点、对学生的能力要求和素质要求；融入最新的教学改革和科研成果，吸收国外优秀教材的先进理念和成果，创新利于学生自学和教师讲授的教材体例；学校还投入专项资金，对教材进行一体规划、一体设计、一体编审，并采用多色印刷技术增加教材的美感；为全力保证教材编写质量，北京体育大学出版社资深编辑深度介入教材编写的各个环节。当这批教材展现在读者面前时，我们充满了期待。

岁月如流，薪火相传。60 年的教材建设成绩斐然，推动着体育学教材建设步入新的起点、站在新的高度。展望未来，一批批体育学精品教材将随世界一流体育大学的建设进程应运而生，不仅在学校内涵式发展的改革进程中发挥重要作用，而且在全国高等体育院校人才培养中做出积极贡献，在高等教育教材建设中留下浓墨重彩的一笔。

北京体育大学校长
校教学指导与教材建设委员会主任
2013 年 9 月

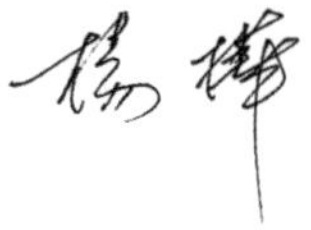

北京体育大学高等教育体育学
精品教材编委会

编委会

前言

舞蹈啦啦操受到了大、中、小学生的喜爱，在学校课程设置中的重要性日益突显。中共中央办公厅、国务院办公厅印发的《关于全面加强和改进新时代学校体育工作的意见》中提出：“职业教育体育课程与职业技能培养相结合，培养身心健康的技术人才。高等教育阶段体育课程与创新人才培养相结合，培养具有崇高精神追求、高尚人格修养的高素质人才。学校体育教材体系建设要扎根中国、融通中外，充分体现思想性、教育性、创新性、实践性，根据学生年龄特点和身心发展规律，围绕课程目标和运动项目特点，精选教学素材，丰富教学资源。”为了更好地响应国家政策，适应人才发展的需要，我们编写了《舞蹈啦啦操运动教程》。舞蹈啦啦操是一项非常重视队员之间团结合作的运动项目，这种队员之间团结合作的特点是舞蹈啦啦操运动区别于其他运动项目的显著特征。舞蹈啦啦操队员之间的团结合作精神，展现出舞蹈啦啦操团结合作的精神美的艺术特征。1980年，美国举办了第一届全美啦啦队锦标赛。我国也多次举办过类似赛事，但是大多数赛事名称为“啦啦操锦标赛”。

本书分别从舞蹈啦啦操简介、舞蹈啦啦操术语、舞蹈啦啦操教学、舞蹈啦啦操训练、舞蹈啦啦操创编、舞蹈啦啦操竞赛的组织与裁判员工作、舞蹈啦啦操的实践案例等方面作出了基本阐释。在本书的内容撰写方面，我们把握当前舞蹈啦啦操教学、训练、竞赛的发展前沿，力求展示舞蹈啦啦操的最高水平，并在原有的科学研究成果的基础上广泛汲取国内外先进的教学、训练理念与科学研究理论。本书内容丰富、形式多样，为了加强直观教学效果，随书配有多媒体辅助教学视频，收录了能够帮助教师、学生深入学习本书相关内容的大量素材。我们将理论与实践相结合，注重教材的全面性与教学内容、教学形式的创新性，为大、中、小学的教师和学生进行教学和训练提供参考。

本书由北京体育大学的马鸿韬担任主编、曹森担任执行主编，中国传媒大学的熊艳、北京邮电大学的李沛担任副主编。第一章由马鸿韬、李沛、张庆如编写；第二章由曹森、熊艳、马明宇编写；第三章由郭佳奇、冯晓辉、孟宪君编写；第四章由曹森、孟宪君、江山编写；第五章由郭佳奇、曹森、赵海波编写；第六章由曹森、范美艳、莫丹、闫虹编写；第七章由马鸿韬、孟宪君、曹森、吴梦晗、郭佳奇、巴宁编写。统稿、定稿工作主要由马鸿韬、曹森负责。动作示范模特有文碧璇、潘思懿、方芳、王胜男、王佳彤、夏子诺、姜海涛、周雅婷、金宇慧和朱娅瑄。

感谢参与本书的图片和视频拍摄的老师和动作示范模特！

由于编者水平有限，本书难免有不完善之处，敬请广大读者予以批评指正。

编者

2022年3月

目录

第一章　舞蹈啦啦操简介

1 / 第一节　啦啦操的起源和发展

4 / 第二节　舞蹈啦啦操概述

第二章　舞蹈啦啦操术语

10 / 第一节　舞蹈啦啦操的基本动作术语

14 / 第二节　舞蹈啦啦操的技术技巧动作术语

第三章　舞蹈啦啦操教学

18 / 第一节　舞蹈啦啦操教学概述

26 / 第二节　舞蹈啦啦操教学内容

第四章　舞蹈啦啦操训练

85 / 第一节　舞蹈啦啦操训练的目的和任务

87 / 第二节　舞蹈啦啦操训练的影响因素

89 / 第三节　舞蹈啦啦操的训练原则

92 / 第四节　舞蹈啦啦操训练的内容与方法

第五章　舞蹈啦啦操创编

176 / 第一节　舞蹈啦啦操创编概述

185 / 第二节　舞蹈啦啦操创编的方法

191 / 第三节　舞蹈啦啦操创编的要素
199 / 第四节　舞蹈啦啦操创编的队形变化设计
204 / 第五节　舞蹈啦啦操创编的层次变化设计
206 / 第六节　舞蹈啦啦操创编的过程

第六章　舞蹈啦啦操竞赛的组织与裁判员工作

212 / 第一节　舞蹈啦啦操竞赛的组织工作
215 / 第二节　舞蹈啦啦操竞赛的裁判员工作

第七章　舞蹈啦啦操的实践案例

参考文献

第一章 舞蹈啦啦操简介

第一节 啦啦操的起源和发展

一、国外啦啦操的起源和发展

啦啦操起源于美国，至今已有100多年的历史。1898年，在美国明尼苏达大学的一次橄榄球比赛中，学生约翰尼·坎佩尔（Johnny Campell）非常兴奋，站在观众前面带领人们喊起了加油助威的口号，并组建了世界上第一支啦啦队，标志着啦啦操运动的正式诞生。

早期的啦啦队队员全部为男性。1923年，女性开始加入啦啦队，体操技巧等动作、麦克风等器材也在啦啦操表演中被全面使用。

1948年，劳伦斯·汉克（Lawrence Hank）等成立了世界上第一个啦啦操协会——美国啦啦队协会（the National Cheerleading Association，NCA），极大促进了啦啦操运动的发展。

20世纪60年代，美国各高校纷纷举办啦啦操培训班，向高中女生教授基本的助威技巧。

1967年，国际啦啦操基金会正式设立并开始颁发全美啦啦队奖与十大院校啦啦队奖，许多训练有素的啦啦队在比赛中脱颖而出。

1978年，美国哥伦比亚广播公司（Columbia Broadcasting System，CBS）的体育频道首次在全美范围转播大学生啦啦操锦标赛。

20世纪80年代，许多高难度的技术技巧被融入啦啦操基本动作中。美国首次制定了比较规范的啦啦操竞赛规则，并举行了第一届全美啦啦操锦标赛。

1987年，美国成立了啦啦操教练协会（the American Association of Cheerleading Coaches and Advisors，AACCA）。

20世纪90年代，随着啦啦操的飞速发展，全美各州大、中学校都拥有自己的啦啦队及团体协会。同时，各方举办了许多全国性大赛，如美国啦啦操公开赛和舞蹈锦标赛（US Open Championships）、全美啦啦操和舞蹈锦标赛（US National Championships），并且制定了比较完善的竞赛规则。参加美国高规格的大赛并获得冠军的啦啦队享有极高的荣誉。

啦啦操在美国迅速发展的同时，在欧洲和日本也开始发展起来。

2001年11月，在日本东京举办的首届世界啦啦操锦标赛上吸引了全世界8个国家和地区（芬兰、德国、日本、挪威、斯洛文尼亚、瑞典、英国和中国台湾）参与，正式将啦啦操提升为世界竞技运动。

2002年，美国的啦啦操组织联合创建了标准的竞赛规则与评分系统，并且注重对全明星队伍教练员的培训，美国全明星啦啦操联盟（United States All-Star Federation，USASF）诞生。2004年，美国全明星啦啦操联盟举办了第一届世界啦啦操大赛。

随着国际化的推进，国际全明星联合会（International All-Star Federation，IASF）成立，总部设在美国，它是国际全明星啦啦操联盟面向世界的窗口，国际全明星啦啦操协会（International All-Star Cheerleading Association，IASCA）也由此诞生。

2004年4月26日，国际啦啦操联合会（International Cheer Union，ICU）成立，总部位于美国田纳西州孟菲斯，是世界公认的啦啦操项目（技巧啦啦操与舞蹈啦啦操）管理机构，其宗旨是在世界范围积极发展啦啦操运动。

多年来，国际啦啦操联合会与其成员一起积极组织和支持洲际及地区比赛，最终形成一年一度的世界啦啦操锦标赛。每年都有70多个国家参加世界啦啦操锦标赛与全球各地区啦啦操锦标赛，并继续为所有致力于世界各地啦啦操项目发展的群体发声。

2013年5月31日，国际啦啦操联合会正式成为国际单项体育联合会的第109位会员组织，作为唯一被认可的啦啦操单项运动的国际官方组织，监管世界各国啦啦操组织及啦啦操项目的所有事项。

2021年7月20日，国际奥委会（International Olympic Committee，IOC）在日本东京召开了第138次全体会议，授予国际啦啦操联合会正式认可。此项决定为世界上致力于啦啦操运动的国家及其未来的发展提供了有力的保障。

二、我国啦啦操的起源和发展

啦啦操运动于2000年左右传入我国，之后得到了全面推广，并迅速发展壮大起来。

2001年，中国大学生体育协会健美操与艺术体操分会（以下简称“中国大体协两操分会”）在广州举办了首届中国大学生啦啦操比赛，虽然当时的参赛队伍不多，参赛的项目也不繁杂，但是这成为我国啦啦操发展的里程碑。

2006年6月，中国大体协两操分会的官员受邀参加在日本举行的亚洲区啦啦操研讨会，先后与国际全明星联盟、国际全明星啦啦操协会、美国全明星啦啦操联盟等众多国际知名的啦啦操组织达成合作协议，致力于推动我国啦啦操运动的发展。

2006年7月，由教育部体育卫生与艺术教育司（以下简称“教育部体卫艺司”）组织相关专家创编了《中国校园啦啦队规定推广套路》和中国啦啦队队歌《我们必胜》；同年8月，在北京人民大会堂召开新闻发布会，向全国的大、中、小学正式推广啦啦操项目，这标志着中国的啦啦操项目开始步入成熟、正规的发展阶段。

2006年11月6日，中国啦啦队协会在武汉华中科技大学举行了“首届中国全明星啦啦操锦标赛暨2007年世界啦啦操锦标赛选拔赛”，大赛由中国大体协两操分会主办、国际全明星啦啦操协会协办。

2009年，为促进啦啦操项目的全面普及，国家体育总局体操运动管理中心下属的中国蹦床技巧协会啦啦操分会加大了对啦啦操项目的推广力度，在杭州萧山举办了首届全国啦啦操锦标赛。随着全国啦啦操联赛的发展，啦啦操项目在中国的普及和发展已经进入了一个全新的时期。

2010年国家体育总局体操运动管理中心审定了《全国啦啦操推广普及规定套路及竞赛规程》，目的在于让啦啦操这项充满青春活力的运动走进校园。

2014 年1月，全国啦啦操委员会（China Cheerleading Association，CCA）正式成立（自2021年6月1日起，“全国啦啦操委员会”正式更名为“中国蹦床与技巧协会啦啦操分会”）。2014年10月，教育部体卫艺司在江苏省江阴市召开足球啦啦操工作会议，提出“一校一球一操”模式，啦啦操运动如雨后春笋般迅速在全国开展起来。

2018年3月20日—4月1日，中国首届啦啦操文化节在山东省日照市盛大开幕，此次文化节的举办致力于推动啦啦操运动、弘扬啦啦操文化、探索啦啦操价值。此次活动的成功举办揭开了中国啦啦操发展的新篇章。

第二节 舞蹈啦啦操概述

一、舞蹈啦啦操的概念

舞蹈啦啦操是一种综合性的运动项目，主要融合了舞蹈、体操、音乐等因素，具有较强的观赏性、竞技性，是指在音乐的伴奏下，队员在规定时间内完成规定的套路动作的一种体育运动。

二、舞蹈啦啦操的技术特征

舞蹈啦啦操的技术特征主要表现为创新的编排、优美准确的动作表现、流畅的过渡连接、难度动作的高质量完成和多样的队形变化，以及突出的舞蹈艺术风格与特点等，通过成套动作的表演给人们带来艺术和运动美的享受。按照国际啦啦操联合会的竞赛规则，舞蹈啦啦操可分为花球舞蹈啦啦操、 爵士舞蹈啦啦操、街舞舞蹈啦啦操、高踢腿舞蹈啦啦操四种。

1. 花球舞蹈啦啦操的技术特征

花球舞蹈啦啦操是指由学生手持花球，通过三十六个基本手位的变化组合，结合脚步的移动完成的一类舞蹈啦啦操。它的技术特征主要表现为肢体动作，通过短暂加速和定位制动来表现啦啦操特有的力度感，动作完成干净利落、重心稳定、移动平稳，身体控制精确。

2. 爵士舞蹈啦啦操的技术特征

爵士舞蹈啦啦操是指以爵士风格的舞蹈动作元素为基础，结合舞蹈啦啦操所特有的项目要求与特点，同时附加一定的运动负荷，表现队员激情及良好舞蹈能力的体育项目。爵士舞蹈啦啦操融合了各种动作组合形成不同的舞蹈、舞伴配合及技术要领。爵士舞蹈啦啦操强调的是适当地表现动作的技术、伸展、控制、身体到位、风格和连续性，以及队伍的统一性。爵士舞蹈啦啦操最突出的技术特征是头、肩、躯干、胯和臀的扭动。

3. 街舞舞蹈啦啦操的技术特征

街舞舞蹈啦啦操是指通过各类街舞的动作、音乐的伴奏及舞蹈元素来展现身体的协调性和动作的均衡性，是啦啦操运动与流行街舞巧妙结合的一项体育运动。街舞舞蹈啦啦操的技术特征表现为注重动作的风格特征及身体的律动与控制；动作强调个性色彩鲜明，幅度随节奏的时快时慢而变化，包括不同舞步的换位、变换组合和队员之间的配合动作都是松弛有度的，放松的同时又需要对身体动作展现出精确的控制。

4. 高踢腿舞蹈啦啦操的技术特征

高踢腿是指一条腿保持与地面的接触，另一条腿用力踢起的动作。高踢腿舞蹈啦啦操的技术特征表现为注重队员身体高度的一致性、身体的柔韧性、动作的同步性，以及踢腿动作及踢腿动作组合的创造性、多样性等。踢腿动作及踢腿动作组合至少占高踢腿成套动作的80%。

在本书中，高踢腿舞蹈啦啦操不做详述。

三、舞蹈啦啦操的功能

（一）增强体质，提升健康水平

舞蹈啦啦操运动是身体各肌肉群与各关节相互配合、协调活动的过程。经常参加舞蹈啦啦操锻炼，可以提高身体各关节的灵活性，对肌肉、骨骼、韧带均有良好的刺激作用，并能促进心肺耐力的提升，使机体有效发挥机能，提高健康水平。

（二）塑造形体，改善身体姿态

形体美是现代社会人们追求美的一个重要方面，也是人们参加各种健身锻炼所追求的一个重要目标。通过舞蹈啦啦操锻炼，人们能消耗体内多余的脂肪，维持人体吸收与消耗的平衡，有利于改善不良的身体姿态，形成优美的体型。舞蹈啦啦操锻炼具有全面性和针对性等特点，通过练习，既可使队员的身体肌肉发达、脂肪减少、线条清晰、产生塑造形体美的效应，也可使队员动作更加优美、体态更加矫健、肌肉更富有弹性，从而使人们的身体更加匀称、健美。

（三）缓解压力，提高生活质量

随着时代的发展，人们在享受科学技术所带来的舒适生活的同时，工作和生活的压力也在增大。在欢快的音乐伴奏下跳起舞蹈啦啦操，不仅能缓解人们的压力，忘记疲劳和烦恼，保持健康的心理状态，而且还能培养人们的奋发向上、追求美好未来的健康心理。舞蹈啦啦操锻炼不仅能够强身健体，而且具有娱乐功能，可使人们在锻炼中得到一种精神享受，同时满足人们的心理需要，促进人与社会的和谐发展，提高人们的生活质量。

（四）培养才能，提升领导能力

啦啦操队员的英文名称为“cheerleader”，直译为“欢呼的领导者”，他们能够在观众面前欢呼雀跃，激起观众的热情，赢得观众的尊敬，并领导他们成为团队的领导者和指挥者。可以说，啦啦队队员是天生的领导者和指挥家。在啦啦操运动的发展早期，啦啦队队员的职责是在赛场外带领人群呐喊。能够成为一名勇敢的啦啦队队员，是学生在大学生活中有意义的经历之一。欢呼的领导者具有超凡的魅力，由于他们拥有良好的声望与品性、有目共睹的领导能力，所以才会被选中作为啦啦队队员。

四、舞蹈啦啦操的文化价值

舞蹈啦啦操多样化的表现形式能够满足学校、社会及市场背景下多种角色的需求，能够发挥校园的竞赛功能和职业体育的娱乐功能。随着时间的推移，舞蹈啦啦操无论是内容还是风格都发生了很大的变化，主要体现在舞蹈啦啦队队员的角色、表演风格、服装等方面。影响舞蹈啦啦操的文化价值的因素包括两方面：一是强调竞技性，即把舞蹈啦啦操发展成为一项体育赛事；二是将舞蹈啦啦操作为赛场活动组成部分的娱乐及文化展示价值最大化。舞蹈啦啦操已由最初的为橄榄球比赛呐喊助威的活动发展成为世界范围内的一项体育运动，从最初体育赛事的附属品逐渐发展成为一项竞技体育赛事。舞蹈啦啦操项目之所以发展迅速，缘于这项运动具有独特的价值和魅力。

（一）作为竞赛项目的教育价值

1. 强调团队合作精神

舞蹈啦啦操是以团队合作为核心的运动项目，表演精彩与否在很大程度上取决于团队动作是否高度一致。舞蹈啦啦操的内容和队形的编排要根据团队的具体情况进行设计，团队成员需要对特定的主题进行深入的研究。在比赛中，每名队员都扮演着重要的角色，如队员之间的动作要一致，每名队员的眼神要准确、笑容要到位等。当完成高难度动作时，队员之间的配合默契等团队合作的精神在舞蹈啦啦操中得到了充分的展示。

2. 凸显奋斗拼搏、积极进取的竞争精神

在舞蹈啦啦操动作中，许多不同的手势分别代表着团结、力量、胜利、自信、勇往直前等含义。舞蹈啦啦操运动通过培养队员奋斗拼搏、积极进取的精神来激励比赛中的队员不畏困难、勇往直前，最终取得比赛的胜利。

3. 集中体现健康快乐、积极向上的精神

在国家鼓励开辟新的健身途径的大背景下，舞蹈啦啦操独有的特点使其成为广受青少年欢迎的运动项目。教育心理学家指出，青少年正处于生理、心理快速发育时期，思想活跃，容易接受新鲜事物，容易受环境影响形成新的思想观念。因

此，选择健康快乐、积极向上的运动项目能够对青少年产生积极的影响。舞蹈啦啦操从最初简单的声援、呐喊发展到今天成为有组织、有规则的正式比赛，不仅仅是因为舞蹈啦啦操能体现青春、动感、时尚和激情，更在于它能培养队员健康快乐、积极向上的精神。在校园内开展舞蹈啦啦操运动，能够为学校树立健康快乐、朝气蓬勃的形象，为学校开展各种活动打下良好的基础。举办各种舞蹈啦啦操比赛，不仅可以宣传奥林匹克精神，而且还能够促进青少年的身心健康。

健康快乐是舞蹈啦啦操运动带给人们的整体印象，而且这种健康快乐是由内而外、发自内心的。在舞蹈啦啦操队员身上蕴含着无限的热情和魅力，无论是其外部形象还是其表演都散发出一种青春美丽、蓬勃向上的气息。比赛时，舞蹈啦啦操队员会按照规定身穿专业服装，适当化妆，仪表整洁、大方，外形健康、美丽。舞蹈啦啦操运动向社会彰显着青年一代的风采，舞蹈啦啦操队员也成了学校、赛场上的“明星”，成为“青春、流行、有领导能力”的象征。

（二）作为赛场活动组成部分的娱乐及文化展示价值

舞蹈啦啦操表演作为赛场活动的重要组成部分，除了按照表演计划进行演出外，如果比赛突然中断，舞蹈啦啦操表演能够起到救场的作用；在观众的情绪下降时，啦啦队、吉祥物表演能够活跃现场气氛。此外，在提升赛事的观赏价值和竞技价值，以及促进体育竞赛表演业全面发展方面，舞蹈啦啦操表演都起着非常重要的作用。

1. 娱乐价值

主体赛事中的舞蹈啦啦操表演，满足了人们多元的心理需求，人们在观看激烈比赛的同时，享受着舞蹈啦啦操表演带来的美感和愉悦感。啦啦队队员通过整齐划一的动作、色彩鲜明的道具、各种复杂的队形变化及空间技巧的转换等极具活力的表演，传达了一种健康的生活态度和自信乐观的精神面貌，并带给观众强烈的视觉冲击力。

舞蹈啦啦操表演融入了许多经过改编的舞蹈动作，在表演过程中所有的肢体动作既通过短暂加速和定位制动来实现其特有的力度感，又伴有旋律铿锵有力的音乐，给人一种赏心悦目的感觉。舞蹈啦啦操表演所选择的音乐具有以下特点：音乐节奏强劲有力、节拍清晰，富有感染力；音乐旋律优美，具有激发、振奋人们情绪的效应。富有节奏感的音乐和优美的动作相结合，使音乐更富有感染力，使动作更富有表现力，二者的和谐统一会产生较强的吸引力，从而最大限度地满足人们对新颖和多样化的感官刺激的永恒追求，充分享受动感、活力的舞蹈啦啦操表演。

在观赏舞蹈啦啦操表演时，观众会对啦啦队队员健美的身材留下深刻的印象，还会被节奏鲜明的音乐所感染，给观众带来美的享受。舞蹈啦啦操表演中的难度动作更使观众为之赞叹。

2. 文化展示价值

国际奥委会技术手册（IOC Technical Manual）中对体育展示（Sport-specific Display）的定义：从字面上来看，体育展示是指通过向现场观众和电视机前的观众展示体育的方式或者是通过现场的播报员、解说员、音乐、现场大屏幕、记分屏、各类表演（啦啦队、吉祥物和文艺表演），以及灯光组成的将赛场包装为类似于舞台的表现形式。体育展示分为竞赛展示和文化展示两部分。竞赛展示是指按照国际单项体育联合会规则和竞赛规程规定的赛前仪式、电子记分屏的显示、与体育竞赛直接相关的现场广播和比赛信息。文化展示则着重于加强观众与赛场的互动，比赛前后及间隙时进行的文体娱乐活动，以及借助视频、音乐、表演等形式营造奥运文化氛围，展示举办国的传统文化。从1996年的美国亚特兰大奥运会开始，体育展示被系统地引入奥运会及各种重要赛事的组织工作中，2002年美国盐湖城冬奥会、2000年澳大利亚悉尼奥运会和2004年希腊雅典奥运会的组织者又使奥运会体育展示工作在深度和广度上得到了较大的发展。

2004年，舞蹈啦啦操表演作为体育展示的元素，第一次出现在雅典奥运会的篮球及沙滩排球赛场上。如今，体育展示工作被国际奥委会看作“奥运会的脸面”。奥运会组织者重视体育展示的原因在于，音乐、舞蹈、灯光等元素的加入让体育比赛的内涵变得更加多元化，即在奥运会赛场上，观众不仅能看到体育比赛中精彩的对决，还能看到竞技体育文化中孕育的内在和谐；不仅能感受到比赛的激烈和刺激，还能享受体育运动带来的愉悦和放松。

（1）展示举办国传统文化。

2008年北京奥运会扩展了舞蹈啦啦操表演的内容，除了动感十足的、传统的舞蹈啦啦操表演和吉祥物表演之外，也有中国特色的民族舞蹈、杂技、武术、鼓乐表演。

北京奥运会舞蹈啦啦操表演采取了“驻馆与流动展示相结合”的表演方式，为每一个需要舞蹈啦啦操表演的项目场馆配备了专门的驻馆表演团队，同时挑选一部分适合多个项目表演的啦啦队进行流动展示。北京奥运会体育展示内容主要包括以下六个部分。

①民族舞蹈表演。民族舞蹈表演包括中国古典舞、各少数民族舞及汉族民间舞，通过高贵典雅的古典舞、绚丽多彩的少数民族舞蹈及红火热烈的汉族民间舞，从多角度、多层次、多侧面向全世界展示了中国舞蹈，让人们充分领略中国舞蹈的独特韵味。②舞蹈啦啦操表演。北京奥运会在舞蹈啦啦操表演的宏观把握上要求必须是青春时尚、朝气蓬勃的中国式风格。③吉祥物表演。北京奥运会的吉祥物是福娃（贝贝、晶晶、欢欢、迎迎、妮妮），其是代表中国文化、承载着人文理念的五

个中国符号，五个可爱的福娃以常规的驻馆团队和特别的流动团队两种形式贯穿整个比赛过程，目的是调动现场观众的热情、活跃赛场气氛、调节观众情绪。④杂技表演。中国杂技自汉代百戏算起已有两千多年的历史，一直以高难的技巧和精彩绝伦的表演征服世界，在北京奥运会比赛场馆中我们看到了传统与现代完美结合且最具中国特色的杂技表演。⑤技巧表演。技巧表演主要是指体操技巧的表演，通过代表国际最高水平的体操技巧队的表演，展现了力与美、高难技巧与传统魅力的完美结合。⑥武术表演。在北京奥运会比赛期间尤其是比赛的最后阶段，通过舞蹈啦啦操表演充分展示了中国武术的魅力，舞蹈编导的加盟使传统的“武术”以崭新的动作套路和新锐的表现手法精彩亮相。北京奥运会赛场上的舞蹈啦啦操表演，不仅融入了具有少数民族风格的舞蹈，如秧歌等，而且还吸纳了国粹京剧的特色，可以说五花八门、不拘一格。但是万变不离其宗，其目的都是活跃和带动赛场气氛，展示我国的传统文化。

（2）展示举办国人民的精神面貌。

奥运会既是全球体育盛会，也是展示多元文化的载体。在雅典奥运会上，舞蹈啦啦操表演中就加入了本国文化元素。由此可见，举办国已经认识到在奥运会上展现本国文化的重要性。北京奥运会是向全世界展示中国的一个绝佳机会。在整个奥运会期间，观众们除了领略各国运动员的风采之外，还在比赛开场前、中场休息及各个长短暂停时间段欣赏到独具中国味道的舞蹈啦啦操表演。因此，北京奥运会的舞蹈啦啦操表演不仅向世界传播了中国传统文化，而且还向世界展示了中国社会发展的成果和国人的精神风貌。

第二章
舞蹈啦啦操术语

第一节 舞蹈啦啦操的基本动作术语

一、花球舞蹈啦啦操的基本动作术语

（一）花球舞蹈啦啦操的基本手掌类型名称

花球舞蹈啦啦操的基本手掌类型名称见表2-1。

表2-1 花球舞蹈啦啦操的基本手掌类型名称

序号	基本手掌类型名称	英文名称
1	拳	Fist
2	烛台式	Candlestick
3	平掌	Blade
4	爵士手	Jazz Hands
5	合掌	Clap

（二）花球舞蹈啦啦操的基本手臂位名称

1. 姿态型手臂位名称

姿态型手臂位名称见表2-2。

表2-2 姿态型手臂位名称

序号	姿态型手臂位名称	英文名称
1	加油	Applauding
2	斜线	Diagonal
3	印第安手势	Indian Motion
4	弓箭	Bow And Arrow
5	小弓箭	Bow
6	短剑	Half Dagger
7	高冲拳	High Punch
8	侧上冲拳	High Side Punch
9	侧下冲拳	Low Side Punch
10	斜上冲拳	Up Cross Punch
11	斜下冲拳	Low Cross Punch

2. 字母型手臂位名称

字母型手臂位名称见表2-3。

表2-3 字母型手臂位名称

序号	字母型手臂位名称	英文名称
1	U	Muscle Man
2	R	R
3	W	W Motion
4	O	O
5	高V	High V
6	低V	Low V
7	上A	Up A
8	下A	Down A
9	T	T
10	短T	Half T
11	K	K
12	侧K	Side K
13	上L	Up L
14	下 L	Down L
15	上M	Up M
16	下M	Hands On Hip
17	后M / 起式位	Rear M/Start Bit
18	上H	Touch Down
19	下H	Low Touch Down
20	小H	Little H
21	高X	High X

续表

序号	字母型手臂位名称	英文名称
22	低X	Low X
23	屈臂X	Bent Arm X
24	X	X
25	前X	Front X
26	屈臂H	Bent Arm H
27	前H持烛式（拳心相对）	Front H Holding Candle （fist to heart）
28	前H提桶式（拳心向下）	Front H Bucket （heart down）

二、爵士舞蹈啦啦操的基本动作术语

1. Battement：摆腿，即动力腿的膝关节锁紧，从髋关节摆动向上然后摆回地上。主力腿可屈可直，脚可以绷直或呈屈起状。直膝摆腿可向前、向二位方向或向后。

2. Chasse/Sashay：追步，即用一只脚追赶另一只脚，取代其原来的位置。一般作为从五位脚变到二位脚或四位脚的过渡动作，腿、脚尖始终保持绷直状态，脚跟一直不落地。

3. Demi-Plie：屈膝成半蹲，即屈膝时脚和腿可以保持平衡向前或成外翻（二位）。

4. Grande-Plie：深蹲，即两膝弯曲与两胯平齐。

5. Hitch Kick：速拉踢，即在空中完成的踢腿动作。单脚起跳，另一条腿屈膝向上摆来牵引整个身体向上，起跳的腿随即迅速向前及向上踢。

6. Jazz Walk：爵士步，即半屈膝姿态做踏步，两脚保持平衡向前。做此动作时，头和躯干应尽量向上延伸和拉离半屈的腿。

7. Passé：原意为经过，是指变换舞姿时的一种辅助性动作。动力腿屈膝，脚尖经过主力腿的膝盖。从一个位置变换到另一个位置，或一条腿在空中经过另一条腿，或一条腿向上提起，在主力腿前面或后面经过。

8. Plie-Releve Pisition：屈膝提踵，即膝关节屈曲且脚跟抬离地面。动作的“控制”应来自大腿肌肉。

9. Releve：立（半）脚尖，原意为升起、踮起，是指通过立（半）脚尖升高身体的高度。

10. Tendu：擦地成脚尖点地，即脚掌擦地并推出，脚背向外弓，脚跟尽量提高，唯脚尖依然着地。此动作可向各个方向进行。

11. Three-Step Turn （side）：三步转，即以三踏步（左—右—左或右—左—右）来完成一个360°转体的动作。

三、街舞舞蹈啦啦操的基本动作术语

1. Backspin：背旋或背转，是指队员利用背部做旋转的动作。在完成此动作时，队员身体所有的重量在背的上半部，脚收起来尽量靠近身体。旋转的要领是两脚在空中做圆形的划动。

2. Windmill：风车，即两手环抱在前。

3. Superman windmill：超人风车，即在完成动作时，用腹部进行旋转，类似风车动作，不同的是完成该动作时不是用手或用头去转动，而是主要依靠腹部带动身体完成旋转动作。

4. Crickets：飞机跳，即一个几乎和Hand Glide（手滑）相同的旋转动作，在完成此动作时，单臂屈肘支撑于地面，身体与地面平行，两腿自然弯曲，完成单臂支撑的旋转动作。当旋转的手离开地面又重回地面时，偶尔会有重量转变成为推挤手。当动作完成情况较好时，看起来就像是连续的旋转动作。

5. Knee Spin：膝转，即完成动作时，身体所有的重量均在接触地板的膝关节上，以膝关节为支点，另一只脚则伸起在高处。旋转的要领就是利用两手去推，速度的增加是在一连串动作做完后靠在后面的脚拉向自己的身体以产生速度。

6. Elbow Glide：肘转，即一只手从手掌到肘部都平放在地板上，并保持手掌向着身体前方，另一只手用手掌撑地，撑地的位置在另一只手的肘和掌中间。一只脚向后上方勾去，然后带动身体向上摆成倒立的姿势。

7. Flare：托马斯，即完成动作时，两脚开立，一只手放在地上，一只脚画圈，另一只脚往上踢，下面的脚弧度拉回，但是不要转动肩膀，而是将重量放在两只手上。

8. Float：飞机撑，即完成动作时，单臂或两臂屈肘支撑，让身体在水平位置保持平衡（除了脚之外），两脚自然弯曲以维持身体平衡。

9. Halo：俗称“刷头风车”，类似于风车的动作，即完成动作时，不是由一侧肩膀转到另一侧肩膀，而是用头经过刷地位置完成的旋转动作。

10. Hand Glide：手滑，俗称“直升机”，即完成动作时，单手撑于地面，类似Bboy在做Float的动作，不同的是只有一只手支撑身体，另一只手推地旋转。

第二节　舞蹈啦啦操的技术技巧动作术语

一、转体类技术技巧动作术语

1. Pirouette：单脚尖旋转，一种转体技巧动作，即队员的一只脚置于另一只脚前，并抬起，直至一条腿能够使身体完成旋转一周。转体动作可以不同的姿势完成。

2. Twisteria：旋转，即队员绕身体垂直轴的旋转。

3. Full Twisteria：转体360°，即队员以身体垂直轴进行的360°转体。

4. Supporting Leg：主力腿（支撑腿），即在技巧表演中支撑队员身体重量的腿。

5. a La Seconde：阿拉C杠，即一种转体的步伐。队员的一条腿（动力腿）在空中画圈，且不能弯曲，在旋转中需与主力腿形成90°角，并保持与地面平行。

6. Passé：巴塞转，即单脚立（脚尖）的转体动作，动力腿脚尖贴紧在主力腿膝关节高度的舞姿，又称吸腿（前膝）或掖腿（后膝）。

7. Coupe：库佩转，左腿前迈，右腿抬起靠近踝关节，转体360°；转体时重心向上，注意留头，核心发力。

8. Attitude：阿提丢转，即鹤立式（芭蕾舞中的一种舞姿）的转体动作。

9. Developpé：蒂娃乐佩，即动力腿从一只脚抬起靠近踝关节的转体动作（库佩转）经由单脚立的转体动作（巴塞转）到延伸的动作。

10. Fouette Turn：挥鞭转，即一种转体的步伐，通常队员在一系列动作中完成。队员的动力腿在空中画圈并在每次旋转中不能弯曲，再抬起形成巴塞姿势。就像挥鞭一样，挥鞭转可以在侧面完成，也可以在第二位置上完成。

11. Head Spin：头转，即通常在街舞中表演的技巧。队员用头部进行倒置旋转，并利用手控制速度，两腿可以呈任意姿势。

12. Outside Turn：外转，即单脚旋转动作。如果向右转，那么左腿为主力腿；如果向左转，那么右腿为主力腿。

13. Torso Twist：躯干扭转，即盆骨保持面向同一方向，而上身，包括胸、肩和头向另一方向转去。

14. Two-Step Turn：两步转，即以两步（左—右或右—左）来完成一个360°转体的动作。

15. Turned In：成内转或内翻，即脚部、膝关节等向内转成“人”字型。

16. Turned Out：成外转或外翻，即脚部、膝关节等向外转，使两脚尖转成

"V"字型（能够极端外转的，两脚可转成在一条直线上）。

17. Spiral：螺旋转，是指身体躯干做螺旋式的扭转。

18. Hip Over Head Rotation：髋部高过头的翻转，即在托举或配合中，队员的髋部高过头的翻转动作。

19. Plié：转，即下蹲，可用于跳跃与旋转前后的弯腿预备姿势。队员弯腿预备姿势可用于跳跃与旋转动作前后。

二、跳步类技术技巧动作术语

1. Jump：跳步，即一个腾空状态，不包括队员利用脚和下肢的力量离开地面进行髋高过头的翻转。

2. Axle：反身吸腿跳，是指旋转中动力腿在空中画圈，主力腿向上离开地面，使队员能够在空中表演旋转且由原主力腿落地。

3. Calypso：反身跨栏跳，是指反身跳跃，旋转中动力腿伸直在空中画圈，主力腿向上离开地面，使队员能够在空中表演旋转，支撑腿延伸到身体后方，形成一种姿势，最后在空中旋转的腿落地。

4. Flying Squirrel：飞鼠是一种跳跃动作，队员手臂向前延伸，两腿向后伸展，在空中向前飞跃形成"X"姿势。

5. Switch Lead：交换腿跳，即跳跃中队员通过动力腿来改变跳跃的姿势或方向的动作。

6. Tilt：踢尔特，是指身体倾斜的侧踢腿动作，即动力腿朝空中用力踢且主力腿朝地面落地。

7. Jetté：单脚起跳单脚落地的跳跃动作，即队员通过单脚起跳并迅速以另一只脚落地。单脚起跳单脚落地的跳跃动作可以在不同方向和不同位置执行。

8. One half（1/2）Twist Toe Touch：转体180°接屈体分腿是一种非空翻的技巧动作，是指队员在一个屈体分腿前做一个转体180°。

9. Full-Up Top Touch：转体360°接屈体分腿是一种非空翻的技巧动作，是指队员在一个屈体分腿前做一个转体360°。

10. Hop：单脚跳，即以同一只脚起跳和着地。

11. Saute：嗖代，即小跳。

12. Changement：沙士芒，即五位换脚跳。

13. Echappe：埃沙贝，即变位跳。

14. Assemble：阿桑不累，即两脚同时起跳，两脚同时落地跳。

15. Pas Jete：巴日代，即两脚同时起跳单脚落地跳。

16. Sissnne Fermee：西松佛尔梅，即分腿跳。

17. Sissonne Ouverte：西松欧畏尔特，即控腿跳。

三、翻腾类技术技巧动作术语

1. Tumbling：翻腾，即在表演场地进行的开始或结束的体操或杂技技巧。

2. Assisted Tumbling：有协助的翻腾，即任何形式的有身体帮助的个人翻腾动作。

3. Front Walkover：前软翻是一种非腾空的翻腾动作，是指队员在向前翻转中通过弯曲腿部和身体，使其从倒立位置转变成非倒立位置，两脚依次落地的动作。

4. Back Walkover：后软翻是一种非腾空的翻腾动作，即队员身体弯曲向后下腰并且手撑地，进行髋部高过头的翻转动作，然后躯干带动全身成直立的姿势，且两脚依次落地。

5. Cartwheels：侧手翻是一种非腾空的翻腾动作，即队员在经过倒立位置时用胳膊支撑身体的重量，两脚依次落地。

6. Front Handsprings：前手翻是一种腾空的翻转动作。开始时站立或蹲下，两手置于地面，头位于两手中间，然后两腿用力弹起，队员向前翻，两脚同时落地。

7. Back Handsprings：后手翻是一种腾空的翻转动作。开始时站立或蹲下，两手置于地面，头位于两手中间，然后两腿用力弹起，队员向后翻，两脚同时落地。

8. Layout Step Out：拉拉提类似直体空翻动作。不同的是，队员两脚依次落地。

四、平衡与柔韧类技术技巧动作术语

1. Arabesque：燕式平衡，是指身体重量由一条腿支撑，主力腿可成外转或不外转，膝关节可曲可直；另一条腿完全伸展向后尽量高举成平衡姿势。

2. Attitude：屈腿平衡，是指身体重量由一条腿支撑，主力腿可成外转或不外转，膝关节可曲可直；另一条腿屈膝向前、向侧或向后平举，动力腿可成外转或不外转。

3. Balancé：摇摆步，是指用脚趾轮流交换重心，从一只脚到另只一脚的左右摇摆动作，类似华尔兹舞步。

4. Battement Releve Lent：举腿控制，训练动作的平稳、连贯和延长感。

5. Drop：掉落，是指腾空的队员在不用手和脚承重的前提下，利用身体的其他部位落地。

五、舞蹈托举类技术技巧动作术语

1. Dance Lift：舞蹈托举，是指在地面上的一名队员在一名或多名队员的支撑下完成的动作。该动作需要举起的队员和被举起的队员组合完成。

2. Partnering：舞伴配合动作，是指两名队员利用对方的支撑完成的动作。舞伴配合动作包括“支撑”和“执行”两部分。

3. Elevated：升降动作，是指一名队员被举起上升到最高点或最低点位置的动作。

4. Supporting Dancer：支撑队员，即作为舞蹈啦啦操托举的一部分，支撑队员承担被举起队员的主要重量。支撑队员在舞蹈啦啦操托举和配合中承担举起或抛接并保持与被举起队员的接触任务。支撑队员也被视为托举队员。

5. Elevated Dancer：被举起的队员，是指在舞蹈啦啦操举高动作中从地面被举起的队员。

6. Executing Dancer：执行配合动作的队员，是指在配合中，借助在一名或多名队员的支撑下完成动作的队员。

7. Lifting Dancer：负责托举的队员，是指作为托举的一部分，完成托举中举起动作的队员。

8. Hip Level：髋位，特指一种高度，即队员两腿垂直站立时髋的高度。

第三章
舞蹈啦啦操教学

第一节　舞蹈啦啦操教学概述

一、舞蹈啦啦操教学的基本要素

舞蹈啦啦操教学的基本要素有教师、学生、教学内容和传播媒介。

（一）教师

教师是教学的指导者和组织者，在教学过程中起主导作用。教师利用物质条件和各种教学手段、教学方法等传播媒介认真备课，以及通过自身的言行举止对学生起到表率作用，以此对学生产生影响，指导学生进行舞蹈啦啦操的学习。

（二）学生

学生既是教学的对象，也是学习的主体。在舞蹈啦啦操的教学中，学生的身心因素直接影响着他们的学习效果。教师要充分调动学生学习的积极性，使他们积极主动地参与学习。

（三）教学内容

教师应遵循教学大纲的要求，结合学生和学校的具体情况，精选和设计舞蹈啦啦操的教学内容。

（四）传播媒介

传播媒介是舞蹈啦啦操教学的物质条件和完成教学的手段和方法。其主要是传递师生间的信息，将师生的活动有机地联系在一起，成为同步活动，保证舞蹈啦啦操教学在一定的时间和空间中有序地进行。

上述四种基本要素的协调运用，反映了舞蹈啦啦操教学的动态过程。在这四种基本要素中，教师和学生是最积极、最活跃的因素。教师的创造性劳动和教学艺术，学生积极主动地参与，这些都使舞蹈啦啦操教学成为一个有声有色、节奏鲜明、生动活泼、和谐有序的教育过程。

二、舞蹈啦啦操的教学任务

（一）掌握基本知识、基本技术和基本技能

舞蹈啦啦操教学是指教师有计划地传授和学生循序渐进掌握舞蹈啦啦操的基本知识、基本技术与基本技能，系统地领会这些知识并加以运用的过程。由于现代科学技术的飞速发展，知识更新速度加快，学科之间交叉渗透，使现代体育教育对受教育者学习和掌握知识提出了新的、更高的要求。舞蹈啦啦操教师不仅要使学生掌握舞蹈啦啦操的基本知识、基本技术和基本技能，还要把与舞蹈啦啦操相关的知识引入教学中，使学生学会发现、学会创造，并在实践中加以运用。

（二）提高身体素质

身体素质是指在体育运动中，学生各器官系统表现出的各种机能，包括速度、力量、耐力、协调、柔韧等素质。身体素质是所有运动能力的基础。在完成舞蹈啦啦操动作时须表现出力量、速度、柔韧、耐力等身体素质，协调地完成舞蹈啦啦操动作，使所完成的动作具有一定的艺术性。因此，全面提高学生的身体素质是舞蹈啦啦操教学的重要任务之一。

（三）培养正确的身体姿态，增强自信心

舞蹈啦啦操成套动作要求学生始终保持躯干、手臂自然正位和稳定，基本手位在变化不断的成套动作中起着至关重要的作用，它是保证啦啦操姿态得到很好控制的前提。在遵循健康和安全的原则下，在全面发展学生身体素质的基础上，舞蹈啦啦操基本技术的学习和表演，有助于改善学生气质、培养学生正确的身体姿态，增强自信心。

（四）培养团结协作、积极向上的团队精神

舞蹈啦啦操是一项体现青春活力、积极向上的团队精神，并努力追求团队荣誉感的体育运动。在教学中不仅要使学生掌握基本技术，还要强调整个团队完成动作的高度一致性，包括动作一致性、口号一致性、技术技巧动作配合一致性，以培养队员之间团结协作、积极向上的团队精神。

（五）提高审美能力

审美教育是指受教育者形成科学的审美观念、较强的美感和创造美的能力的教育过程。舞蹈啦啦操教学具有进行美育教育的广阔空间。因此，教师应充分利用这一有利条件，培养学生正确的审美观念、健康的审美情趣和较强的审美能力。教师通过审美教育，可以提高学生的审美修养，反过来学生通过正确的审美观念、健康的审美情趣和较强的审美能力来促进舞蹈啦啦操的学习。舞蹈啦啦操队员运用多彩道具，身着亮丽的服饰，在欢快的音乐伴奏下，做出各种造型、动作，形成了正确的审美取向，提高了审美能力。

三、舞蹈啦啦操的教学特点

（一）动作素材多样，教学内容丰富

舞蹈啦啦操的动作素材多样，既有徒手练习，也有手持花球等轻器械的练习；既包括基本动作的教学，也包括技术技巧动作的教学。舞蹈啦啦操可以展现各国、各民族的风情，其教学内容非常丰富。

（二）技术特征不同

不同风格的舞蹈啦啦操的技术特征也明显不同。花球舞蹈啦啦操的技术特征主要体现为肢体动作通过短暂加速、制动定位来实现花球舞蹈啦啦操特有的力度感，动作完成干净利落，在运动过程中重心平稳、身体控制准确；爵士舞蹈啦啦操的技术特征主要体现为肢体动作的延伸性和身体的控制，通过延伸制动实现爵士舞蹈啦啦操特有的力度感；街舞舞蹈啦啦操的技术特征主要体现为通过身体的律动、肢体各部位的分离运动和控制定位来实现街舞舞蹈啦啦操特有的力度感。

（三）健美兼修，寓教于乐

舞蹈啦啦操教学不仅使学生掌握舞蹈啦啦操的知识、技能和技巧，而且还通过各种练习方法和练习手段达到健美身姿和健康体魄的目的。不同风格的舞蹈啦啦

操的学习可以培养学生对不同舞蹈的特征及音乐的理解，培养学生感受美、表现美和创造美的审美追求。舞蹈啦啦操常选用迪斯科、爵士乐、摇滚乐和舞曲等动感、时尚、富有激情的音乐，符合学生的心理需求，使学生在尽情享受音乐之美的同时体会舞蹈啦啦操运动的乐趣。

（四）不断实践，学会创新

启发学生的创造性思维是舞蹈啦啦操教学的又一个特点。舞蹈啦啦操之所以有较强的生命力，源于它的不断创新。在舞蹈啦啦操教学实践中，一方面教师将基本动作和基本技术教给学生；另一方面在反复地练习中，教师又需启发和引导学生举一反三、学会创新，形成新的动作、新的组合、新的成套动作，使学生在反复的实践活动中掌握创编的原理及方法，形成创造性的思维方式。

四、舞蹈啦啦操的教学方法

舞蹈啦啦操的教学方法是指教师在教学中，为了向学生传授舞蹈啦啦操的基本知识、基本技术和基本技能而采用的一种教学方法。 舞蹈啦啦操的教学方法在实现舞蹈啦啦操教学任务和教学目标中起着桥梁的作用。它有传授知识、形成动作技能、指导实践、积累经验、培养能力、提高学习效率等作用。因此，在教学中无论是教师的教还是学生的学都离不开一定的教学方法。

舞蹈啦啦操教学方法多种多样，每一种教学方法对完成教学任务都有其特殊的作用。在教学中，教师采用哪种教学方法及如何发挥教学方法的作用，应根据教学任务、教学内容、学生的特点及场地、设备等具体情况来决定，只有这样才能取得良好的教学效果。在舞蹈啦啦操教学中，常用的教学方法有讲解法、示范法、提示法、带领法、完整法与分解法、重复法等方法。

（一）讲解法

在舞蹈啦啦操教学中，讲解法是指教师运用语言向学生说明教学任务，动作名称、作用，动作要领及要求等，以指导学生掌握基本知识、基本技术和基本技能，并进行练习的一种方法，是舞蹈啦啦操教学中最常采用的一种教学方法。采用此教法时应注意以下几点。

（1）讲解要有目的性。教师所讲的内容要围绕教学任务、教学内容、教学要求及教学过程中学生存在的问题等情况有针对性地进行讲解。

（2）讲解要正确。教师所讲的内容应是科学的、准确的，即言之有理，实事求是，并运用统一、规范的术语进行讲解。

（3）讲解要简明扼要，通俗易懂。在教学中，教师的讲解应尽可能少而精，如使用术语和口诀。

（4）注意讲解的时机和效果。在教学中，教师在讲解动作要领时，既可以采用边示范边讲解的方法，也可以采用先示范后讲解的方法。讲解时，教师要根据学生已有的知识、经验来确定讲解内容的深度和广度，以便使学生更好地理解和掌握所学内容。

（5）讲解的顺序要合理。一般来说，讲解的顺序为：首先讲解下肢动作，其次讲解上肢动作，最后讲解躯干与头颈、手眼的配合。

（6）讲解要有启发性。在教学中，教师要力求用生动形象的语言引起学生的兴趣、启发学生的积极思维，使学生将听、看、想、练有机地结合起来。

（7）讲解要有艺术性。讲解须使用普通话、口齿清晰、层次分明、表达生动形象、有趣味性、有感染力。同时，恰当的情感和声调都会使语言产生不同的艺术效果。

（8）讲解要有节奏和鼓舞性。讲解的节奏是指语言的声调、强弱应按特定的顺序和时间间隔交替进行。讲解的语言应有利于激发学生学习的积极性。

（二）示范法

示范法是指教师以自身完成的动作作为教学的动作范例，用以指导学生进行练习的一种教学方法。此教法可以使学生了解所要学习动作的具体形象、结构、要领和方法。采用此教法时应注意以下几点。

（1）示范动作要有质量。教师的示范要力求做到准确、熟练、轻松和优美，能够给学生留下深刻的印象，使学生看完示范后会产生跃跃欲试的感觉。因此，教师要不断地提高示范动作的质量。

（2）示范要有明确的目的。教师的示范要根据教学任务、教学步骤及学生的水平确定。例如，教授新教材时，为了使学生建立完整的动作概念，一般可先做一次完整的示范，然后结合教学要求，做重点、慢速和常速的示范。

（3）示范要有利于学生的观察。在进行示范时，教师要注意选择合适的示范面、示范速度及学生观察示范的距离和角度。

（4）示范与讲解相结合。在教学中，教师只有把示范与讲解紧密地结合起来，才能获得良好的教学效果。

（三）提示法

提示法是指教师以提示的方式指导学生进行练习的一种教学方法。这种提示既可以是语言的，也可以是非语言的。

语言提示法，即教师用简练的语言或口令提示学生所要完成的动作名称、时间、数量、方向和质量的要求等的一种教学方法。采用此教法时应注意以下几点。

（1）需用简练的语言或口令来提示动作，并且声音要洪亮、发音要准确、声调要恰当。

（2）提示的语言或口令要配合音乐的节奏，教师可边数节拍边提示动作。

（3）当提示动作重复的次数和改变动作时，一般常采用倒数法进行提示。需注意的是，提示时应有一定的提前量，如“4、3、2、go”等。

（4）教师运用富有情感的语言进行提示，以便对学生产生激励作用。

非语言提示法，即教师用肢体语言、面部表情、视线接触等提示学生完成动作的一种教学方法。采用此教法时应注意以下几点。

（1）当利用肢体语言提示时，须使学生明确肢体语言的含义。因此，教师需预先向学生讲明课上所要采用的几种肢体语言动作 。

（2）在使用肢体语言时，可配合语言的提示，使所提示的内容更加明确 。

（3）在用身体动作进行提示时，力求使动作做得准确、规范，在必要时可对动作进行夸张示范，如“低重心”“大步走”等 。

（4）当用手势进行提示时，应根据需要提前2拍或4拍做出，掌握好提示时机，并且要使每名学生都能清楚地看到教师所做出的手势。教师做出的手势要相对固定，既可采用大家公认的手势，也可用具有自己独特风格的手势 。

（5）教师要善于运用面部表情和眼神的变化来激励学生，如微笑、眼神对视、点头等。

（四）带领法

带领法是指学生在教师的带领下，连续完成单个动作、组合动作、成套动作练习的一种教学方法。此教法能使学生在较短的时间内建立正确的动作概念，掌握动作与动作的连接方法及音乐节奏感。在舞蹈啦啦操教学中此教法被普遍采用。采用此教法时应注意以下几点。

（1）根据动作需要选择正确带领的示范面。当教授前后行进动作、转体变化及结构较复杂的动作时，一般选择背面示范带领；当教授结构较简单的动作时，一般选择镜面示范带领；当教授左右方向变化的动作时，根据动作的需要，一般选择镜面和背面相结合的示范带领。

（2）大多数情况下，教师在领做动作时应采用镜面示范，以利于教师观察学生掌握动作的情况和与学生进行沟通。

（3）教师在领做动作时，可将背面示范与镜面示范结合起来运用，在转换示范面后，教师示范的方向应与学生的动作方向保持一致。

（4）当完成结构较复杂的动作时，可慢速带领，待学生熟练掌握后，恢复正常速度带领；当完成上下肢配合动作时，可先反复领做下肢动作，在此基础上将上肢动作添加进来，形成一个完整的动作。

（5）当教师带领学生练习时，除示范动作要做得一丝不苟外，还要与手势、口令、语言等提示方法紧密结合，使学生达到眼看、耳听、心想、体动的目的，从而达到良好的教学效果。

（五）完整法与分解法

完整法是指从动作的开始到结束，不分部分和段落，完整地进行教学的一种方法。此教法不破坏动作结构，不割裂动作各部分或动作之间的内在联系，可使学生建立完整的动作概念，迅速地掌握动作。分解法是指把结构比较复杂的动作或组合动作按身体环节合理地分解成几个局部动作分别进行教学，最后达到全部掌握动作的一种教学方法。采用此教法时应注意以下几点。

（1）学习结构比较简单的动作，可采用完整法进行教学。

（2）学习结构较为复杂的动作，可采用慢速完整法，即放慢动作的过程，在每个姿势中停几拍，以便使学生对动作的运动轨迹、动作各环节的变化有进一步的了解，提高学生正确完成动作的本体感觉，待学生建立了正确动作概念之后，再按正常速度进行完整练习。

（3）对于协调性要求较高的动作，往往按身体各部分预先将其分解成几个局部动作分别进行教学，待学生基本掌握分解动作之后，再进行完整动作的教学。例如，把舞蹈啦啦操的动作分解成上肢动作、下肢动作、头部动作等，先分别进行练习，然后再进行完整动作练习。

（4）运用分解法是为了掌握完整的动作，因此，分解的教学时间不宜过长。

（六）重复法

重复法是指不改变动作的结构，按照动作要领进行反复练习的一种教学方法。在舞蹈啦啦操教学中，既可重复练习单个动作，也可重复练习组合动作和成套动作。此教法既有利于学生在反复练习中掌握和巩固动作技术，又有利于教师指导和帮助学生改进动作技术，并对锻炼身体、发展体能等有较好的作用。采用此教法时应注意以下几点。

（1）要防止错误动作的重复。在教学中，一旦发现有错误动作出现，教师应立即予以纠正，以免形成错误动作的动力定型。

（2）在动作初学阶段采用重复法时，应避免运动负荷过大及疲劳的过早出现，以免影响掌握动作及改进动作。

（3）练习时要合理安排重复次数。所重复的次数既能保证学生在每一次的练习中都能达到练习的要求，不降低动作质量，又能达到学生所能承受的运动负荷。重复次数太少，既达不到锻炼效果，也不易掌握和巩固动作技术；重复次数太多，既容易造成动作变形，也容易使学生失去练习的兴趣。

总之，上述几种教学方法都有各自的特点和功能，但它们彼此是有机联系的整体。在教学中，教师应根据教学任务的需要，灵活地运用各种教学方法，使每一种教学方法的运用都成为整个教学过程的重要一环。

五、舞蹈啦啦操的教学手段

在舞蹈啦啦操教学中，常用的教学手段有视听类和练习类两种。视听类包括：图解、视频、电视、录像等；练习类包括：花球、扇子、小旗子等轻器械，以及把杆、肋木等固定器械。 教学手段在舞蹈啦啦操教学中所起的作用主要包括以下几个方面。

（1）沟通信息，调控教学过程。在教学中，师生往往通过视觉、听觉接收信息，而这些信息只有通过使用各种教学手段才能传递给学生。例如，教师运用示范图解、视频可以向学生展示教学内容，学生获得信息后，就可以进行下一步的学习。

（2）提高信息的接收效果和教学质量。信息发出后，被对方接收并经转化存储起来的数量是决定信息效益的重要条件。信息被接收的条件，一方面是信息本身的可接受性；另一方面是接收者的状态，主要指动机、态度、情绪、兴趣、神经系统的兴奋性等。使用多种教学手段对这两个方面都能产生积极的影响。例如，在教授舞蹈啦啦操成套动作过程中，采用电视、录像机等教学设备会对学生产生新异刺激，容易引起学生的兴趣，提高学生的兴奋性，最大限度地增加信息的接收量，提高教学质量。

（3）有利于突出技术动作的重点和关键。例如，在学习较复杂的舞蹈啦啦操技术动作时，可通过观看电视、视频等方式，放慢速度多次重复技术动作的关键环节；教师通过多次演示技术动作来强化学生的练习，使学生快速掌握技术动作的重点和难点。

选择舞蹈啦啦操教学手段需注意的事项具体如下。

（1）有助于提高教学质量。教师须根据教学目的选用教学手段，采用的教学手段应有助于激发学生的学习动机，有助于提高舞蹈啦啦操的教学质量。

（2）从实际出发。教师一方面要考虑现有的场地、器材、设备等情况；另一方面要因材施教，选择能够有效提高教学效果的手段。

（3）要协调好人与教具之间的关系。教学手段的选择要有利于师生双边活动的进行，既要协调好师生之间的关系，又要调动师生的积极性和主动性，使所采用的教学手段为教学服务。

第二节　舞蹈啦啦操教学内容

舞蹈啦啦操教学内容是指为实现舞蹈啦啦操教学任务而选用的舞蹈啦啦操基本知识和各种身体练习。舞蹈啦啦操教学内容是实现舞蹈啦啦操教学任务的重要条件，也是教师和学生开展舞蹈啦啦操教学活动的依据。

一、舞蹈啦啦操理论部分教学内容

舞蹈啦啦操理论部分教学内容包括舞蹈啦啦操简介、舞蹈啦啦操术语、舞蹈啦啦操教学、舞蹈啦啦操创编、舞蹈啦啦操竞赛组织与裁判员工作等。

二、舞蹈啦啦操技术部分教学内容

（一）舞蹈啦啦操基本动作

1. 花球舞蹈啦啦操基本动作

（1）上肢动作。

花球舞蹈啦啦操的上肢动作的教学主要包括手持花球的三十八个基本手位。（图3-1至图3-38）

图3-1 加油

图3-2 U手势

图3-3 斜线

图3-4 R

图3-5 W

图3-6 O

图3-7 印第安手势

图3-8　高V

图3-9　低V

图3-10　上A

图3-11　下A

图3-12　T

图3-13　短T

图3-14　K

图3-15　侧K

图3-16　上L

图3-17　下L

图3-18　上M

图3-19　下M

图3-20　后M／起式位

图3-21　弓箭

图3-22　小弓箭

图3-23　短剑

图3-24　上H

图3-25　下H

图3-26　小H

图3-27　屈臂H

图3-28　前H持烛式（拳心相对）／提桶式（拳心向下）

图3-29　高X

图3-30　前X

图3-31　低X

图3-32　屈臂X

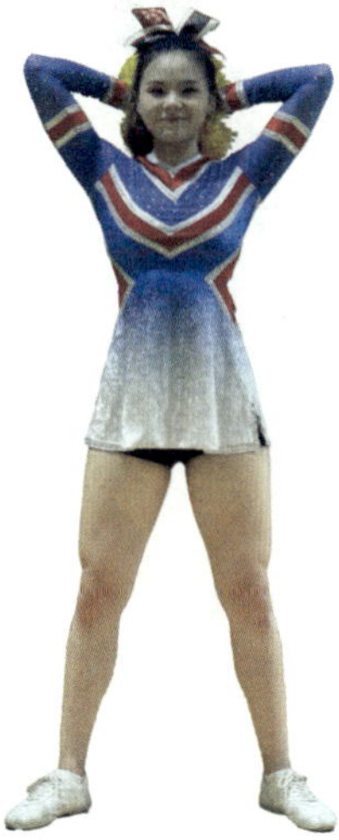

图3-33　X

图3-34　高冲拳

图3-35　侧上冲拳

图3-36　侧下冲拳

图3-37　斜上冲拳

图3-38　斜下冲拳

（2）下肢动作。

花球舞蹈啦啦操没有规定的基本步伐，但是其涉及的下肢动作非常丰富，主要包括立、立踵、蹲、半蹲、分腿半蹲（二位蹲）、前弓步、侧弓步、原地踏步等。（图3-39至图3-46）

图3-39　立

图3-40　立踵

图3-41　蹲

图3-42　半蹲

图3-43　分腿半蹲（二位蹲）

图3-44　前弓步

图3-45　侧弓步

图3-46　原地踏步

2. 爵士舞蹈啦啦操基本动作

（1）头与躯干动作。

在爵士舞蹈啦啦操的教学过程中，头与躯干的教学内容尤为重要，这是帮助学生寻找肢体感觉的重要途径。因此，我们在教学中，需尽量放慢教学的速度，做到循序渐进。头与躯干的教学内容主要包括头部动作：仰头、低头、摆头、甩头和绕头；肩部动作：顶肩、绕肩和肩侧移；胸部动作：挺胸、含胸和绕胸；腰部动作：前屈、下腰、胸腰、下后腰、下侧腰和腰绕环（涮腰）；波浪动作：前波浪、侧波浪和上波浪。（图3-47至图3-66）

①头部动作。

头部动作包括仰头、低头、摆头、甩头和绕头。（图3-47至图3-51）

图3-47　仰头

图3-48　低头

图3-49　摆头

图3-50　甩头

图3-51　绕头

②肩部动作。

肩部动作包括顶肩、绕肩和肩侧移。（图3-52至图3-54）

图3-52　顶肩

图3-53　绕肩

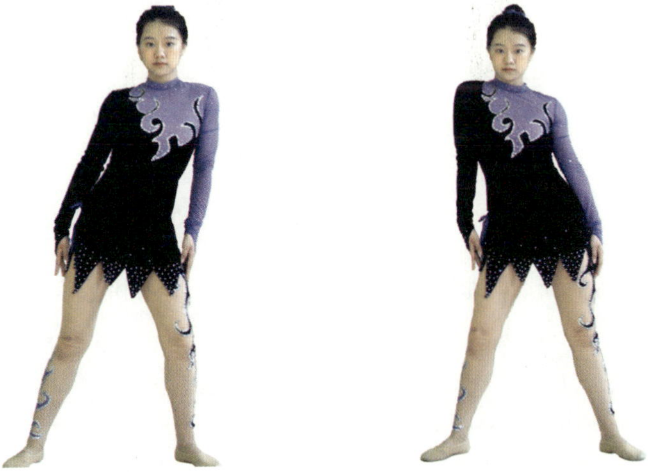

图3-54　肩侧移

③胸部动作。

胸部动作包括挺胸、含胸和绕胸。（图3-55至图3-57）

图3-55 挺胸

图3-56 含胸

图3-57 绕胸

④腰部动作。

腰部动作包括前屈、下腰、胸腰、下后腰、下侧腰和腰绕环（涮腰）。（图3-58至图3-63）

图3-58　前屈

图3-59　下腰

图3-60　胸腰

图3-61　下后腰

图3-62　下侧腰

图3-63　腰绕环（涮腰）

⑤波浪动作。

波浪动作包括前波浪、侧波浪和上波浪。（图3-64至图3-66）

图3-64　前波浪

图3-65　侧波浪

图3-66　上波浪

（2）上肢动作。

爵士舞蹈啦啦操主要是以芭蕾爵士风格为主，因此手臂动作训练也要以芭蕾舞中的基本手位及舞姿动作作为教学的基本动作，主要包括芭蕾的七个基本手位：一位手、二位手、三位手、四位手、五位手、六位手和七位手；阿拉贝斯舞姿：第一阿拉贝斯、第二阿拉贝斯、第三阿拉贝斯和第四阿拉贝斯；基本手型与手臂动作：拳、掌、分掌、前推、上推、侧推、绕臂、侧绕臂和水平绕臂。（图3-67至图3-86）

①七个基本手位动作。

七个基本手位包括一位手、二位手、三位手、四位手、五位手、六位手和七位手。（图3-67至图3-73）

图3-67　一位手

图3-68　二位手

图3-69　三位手

图3-70　四位手

图3-71　五位手

图3-72　六位手

图3-73　七位手

② 阿拉贝斯舞姿。

阿拉贝斯舞姿包括第一阿拉贝斯、第二阿拉贝斯、第三阿拉贝斯和第四阿拉贝斯。（图3-74至图3-77）

图3-74　第一阿拉贝斯

图3-75　第二阿拉贝斯

图3-76　第三阿拉贝斯

图3-77　第四阿拉贝斯

③ 基本手型与手臂动作。

基本手型与手臂动作包括拳、掌、分掌、 前推、上推、侧推、绕臂、侧绕臂和水平绕臂。（图3-78至图3-86）

图3-78　拳

图3-79　掌

图3-80　分掌

图3-81　前推

图3-82　上推

图3-83　侧推

图3-84　绕臂

图3-85　侧绕臂

图3-85　侧绕臂（续）

图3-86　水平绕臂

（3）下肢动作。

下肢动作是以芭蕾基本功练习的内容为基础，其中包括芭蕾的五个基本脚位动作：一位脚、二位脚、三位脚、四位脚、五位脚；基本下肢动作：半脚尖立、蹲、半蹲、擦地、点地、小踢腿、大踢腿、屈伸、画圆、控腿，还包括一些芭蕾的基本技巧及舞步动作，如巴塞、巴朗塞、阿提秋和沙塞。除此以外，还需要进行一些其他动作的练习，如走、跑、推脚背、震膝、顶髋、转髋、八字绕髋、摆髋等练习。（图3-87至图3-113）

①五个基本脚位动作。

五个基本脚位动作：一位脚、二位脚、三位脚、四位脚、五位脚。（图3-87至图3-91）

图3-87　一位脚

图3-88　二位脚

图3-89　三位脚

图3-90　四位脚

图3-91　五位脚

②基本下肢动作。

基本下肢动作包括半脚尖立、蹲、半蹲、擦地、点地、小踢腿、大踢腿、屈伸、画圆和控腿。（图3-92至图3-101）

图3-92　半脚尖立

图3-93　蹲

图3-94　半蹲

图3-95　擦地

图3-96　点地

图3-97 小踢腿

图3-98 大踢腿

图3-99 屈伸

图3-100 画圆

图3-101 控腿

③芭蕾的基本技巧及舞步动作。

芭蕾的基本技巧及舞步动作包括巴塞、巴朗塞、阿提秋和沙塞。（图3-102至图3-105）

图3-102 巴塞

图3-103　巴朗赛

图3-104　阿提秋

图3-105　沙塞

④其他动作。

其他动作包括走、跑、推脚背、震膝、顶髋、转髋、八字绕髋和摆髋。（图3-106至图3-113）

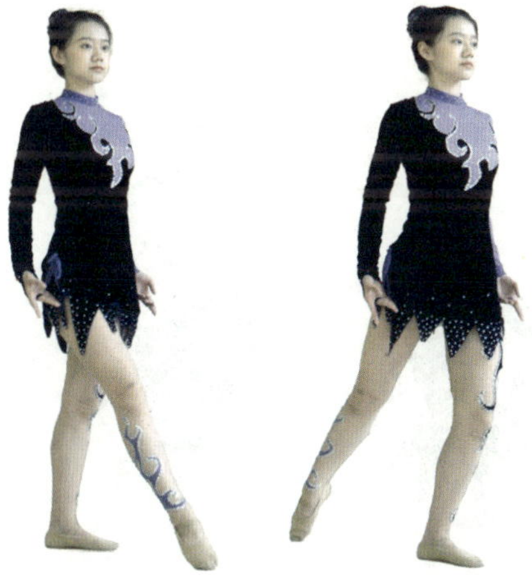

图3-106　走

图3-107　跑

图3-108　推脚背

图3-109　震膝

图3-110　顶髋

图3-111　转髋

图3-112　八字绕髋

图3-113　摆髋

3. 街舞舞蹈啦啦操基本动作

（1）头部动作。

头部动作包括转头、绕头和头的移动（左右、前后、弧形）。（图3-114至图3-116）

图3-114　转头

图3-115　绕头

（左右）　　（前后）

图3-116　头的移动

（弧形）

图3-116　头的移动（续）

（2）肩部动作。

肩部动作包括顶肩、绕肩和反向绕肩。（图3-117至图3-119）

图3-117　顶肩

图3-118　绕肩

图3-119　反向绕肩

（3）胸部动作。

胸部动作包括含挺、胸移动和胸绕。（图3-120至图3-122）

图3-120　含挺

图3-121　胸移动

图3-122　胸绕

（4）腰部动作。

腰部动作包括腰移动（前后、左右）、前屈和后屈。（图3-123至图3-125）

（前后）　　　　（左右）

图3-123　腰移动

图3-124　前屈

图3-125　后屈

（5）髋部动作。

髋部动作包括顶髋（矢状面前后、额状面左右、水平面左右、45°角左右）、绕髋（左右、360°以上、8字绕）等。（图3-126至图3-127）

（矢状面前后）

（额状面左右）

（水平面左右）

（45°角左右）

图3-126　顶髋

（左右）

（360°以上）

（8字绕）

图3-127　绕髋

（6）膝关节动作。

膝关节动作包括弹动（重拍向下、重拍向上、重拍向左、重拍向右）和绕膝（左右）。（图3-128至图3-129）

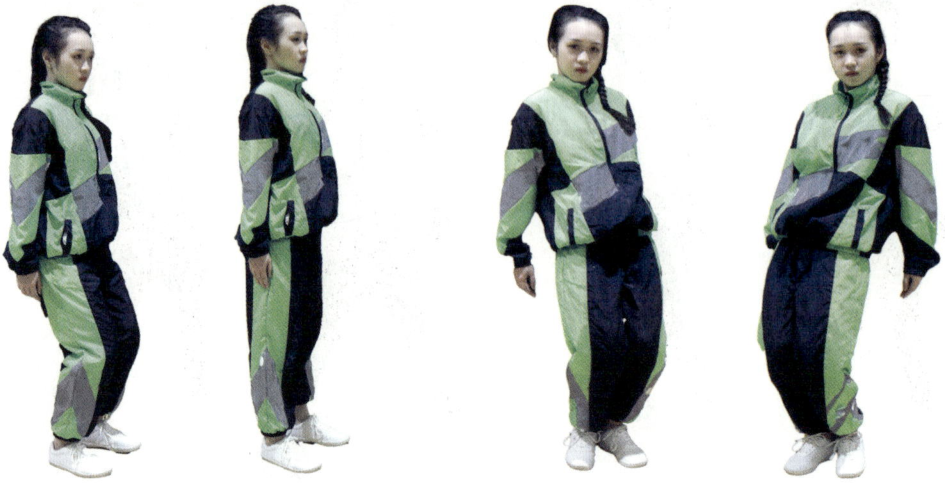

（重拍向下）　（重拍向上）　（重拍向左）　（重拍向右）

图3-128　弹动

（左右）

图3-129　绕膝

（7）踝关节动作。

踝关节动作包括脚跟前（后）顶、脚尖前（后）摆、两脚脚跟同向移动和两脚脚尖与脚跟异向移动。（图3-130至图3-133）

图3-130　脚跟前（后）顶

图3-131　脚尖前（后）摆

图3-132　两脚脚跟同向移动

图3-133　两脚脚尖与脚跟异向移动

（8）电流动作。

电流动作包括单手臂电流、两手臂电流、人体自上而下电流、人体自下而上电流和人体自左上至右下（相反）电流。（图3-134至图3-138）

图3-134　单手臂电流

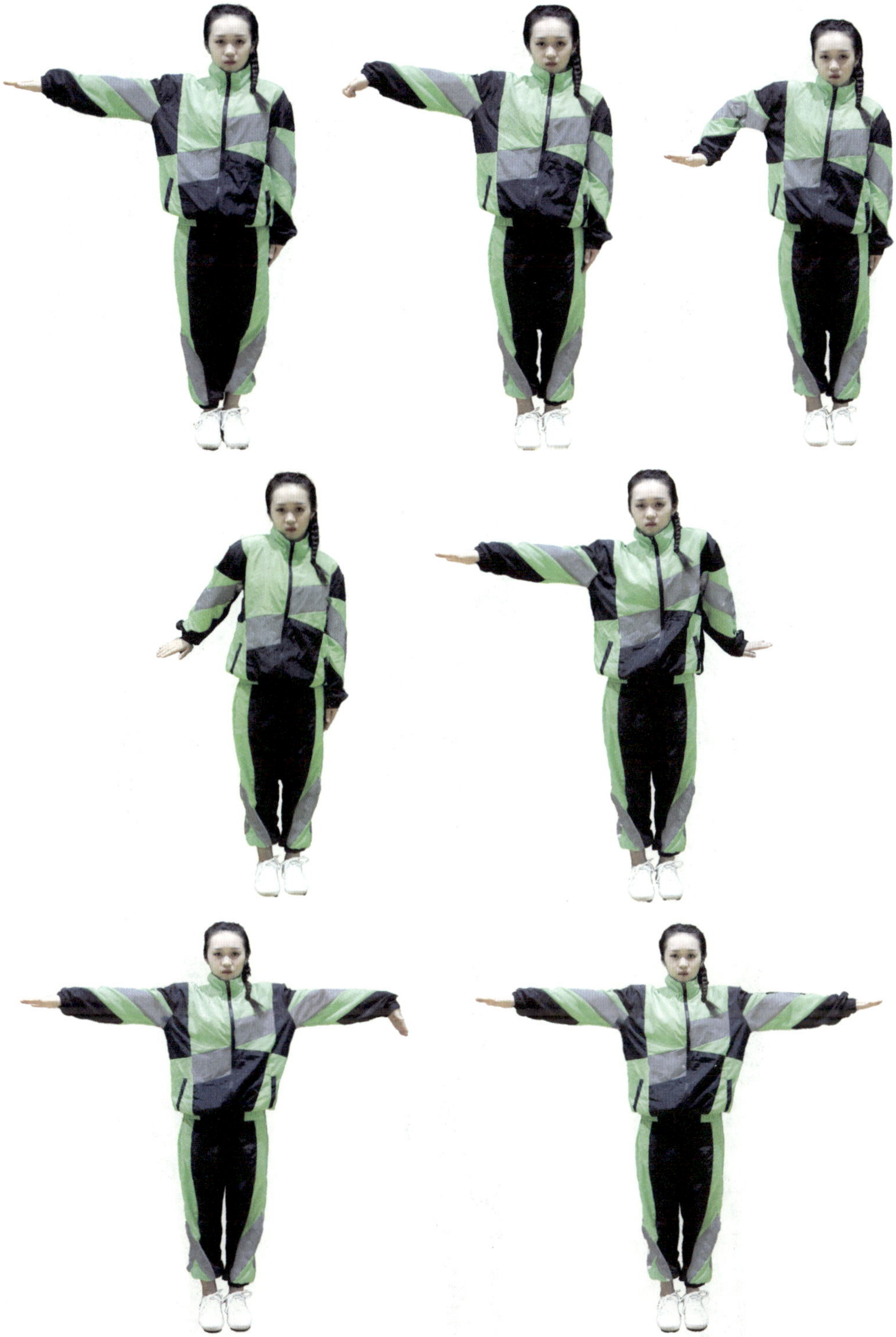

图3-135　两手臂电流

图3-136　人体自上而下电流

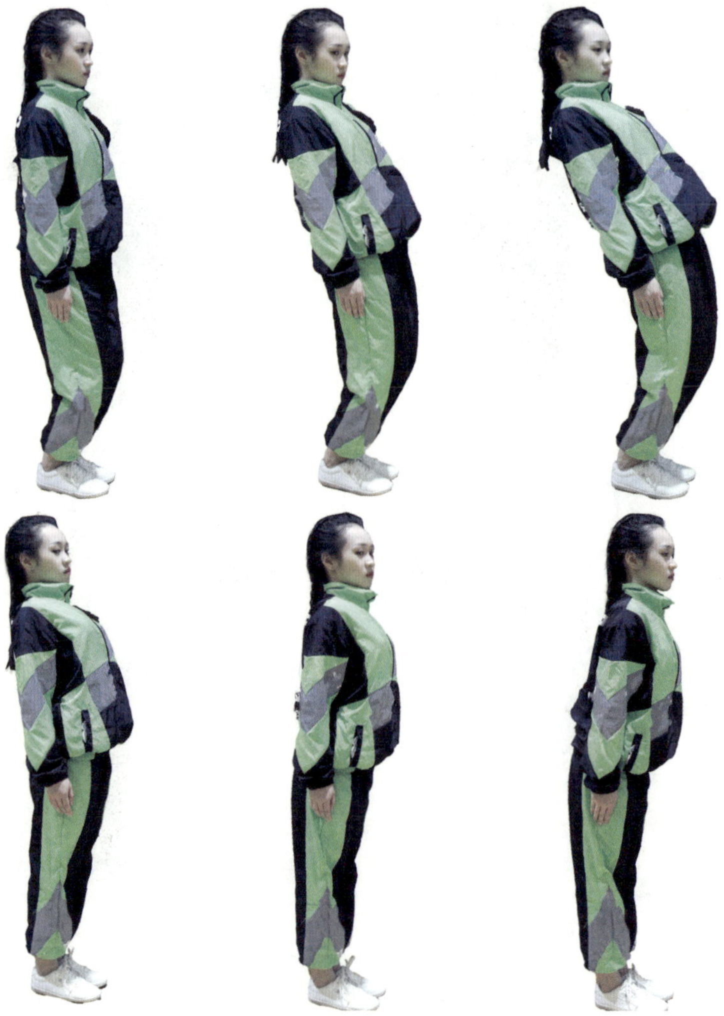

图3-137　人体自下而上电流

图3-138　人体自左上至右下（相反）电流

（9）埃及手动作。

埃及手动作见图3-139。

图3-139　埃及手

（10）锁舞的绕手动作

锁舞的绕手动作见图3-140。

图3-140　锁舞的绕手

（11）震动动作。

震动动作包括手的震动、手臂的震动、躯干的震动和腿的震动。（图3–141至图3–144）

图3–141　手的震动

图3–142　手臂的震动

图3–143　躯干的震动

图3–144　腿的震动

（二）舞蹈啦啦操规定套路

2010年，国家体育总局体操运动管理中心积极贯彻落实全民健身计划，组织编制和审定通过了《全国第一套啦啦操规定套路》，该套路分为舞蹈啦啦操和技巧啦啦操两大类，是我国啦啦操运动发展的重要里程碑。随着啦啦操运动的发展，人们对啦啦操的关注度不断提升，2014年，我国推出了《全国第二套啦啦操规定套路》和《全国校园啦啦操示范套路》。2016年推行了《全国校园啦啦操示范套路（第二套）》和《2016版全国啦啦操规定动作》。相继推出的五套啦啦操规定套路均包含舞蹈啦啦操，教师可根据需求进行有选择地教学。

（三）舞蹈啦啦操自编套路

在舞蹈啦啦操教学中，教师可根据实际需要，与学生共同进行舞蹈啦啦操的创编，不断提高学生的编排能力。创编作为竞赛活动的先导环节直接影响着成套动作的质量，在竞赛中动作及套路的创编优劣直接影响着学生的比赛成绩。因此，教师应培养学生独立创编的能力，这对在舞蹈啦啦操竞赛中取得优异成绩具有十分重要的意义。

1. 花球舞蹈啦啦操自编套路

花球舞蹈啦啦操自编套路，共7个八拍。

（1）第1个八拍。（图3-145至图3-149）

图3-145　1～2拍

图3-146　3拍

图3-147　4拍

图3-148　5～6拍

图3-149　7～8拍

（2）第2个八拍。（图3-150至图3-156）

图3-150　1拍

图3-151　哒

图3-152　2拍

图3-153　3拍

图3-154　4拍

图3-155　5～6拍

图3-156　7～8拍

（3）第3个八拍。（图3-157至图3-165）

图3-157　1拍

图3-158　2拍

图3-159　3拍

图3-160　4拍

图3-161　5拍

图3-162　哒

图3-163　6拍

图3-164　7拍

图3-165　8拍

（4）第4个八拍。（图3-166至图3-173）

图3-166　1拍

图3-167　2拍

图3-168　3～4拍

图3-169　5拍

图3-170　6拍

图3-171　7拍

图3-172　哒

图3-173　8拍

（5）第5个八拍。（图3-174至图3-181）

图3-174　1拍

图3-175　2拍

图3-176　3拍

图3-177　4拍

图3-178　5拍

图3-179　6拍

图3-180　7拍

图3-181　8拍

（6）第6个八拍。（图3-182至图3-188）

图3-182　1拍

图3-183　2拍

图3-184　3～4拍

图3-185　5拍

图3-186　6拍

图3-187　7拍

图3-188　8拍

（7）第7个八拍。（图3-189至图3-195）

图3-189　1拍

图3-190　2拍

图3-191　3拍

图3-192　4拍

图3-193　5拍

图3-194　6拍

图3-195　7~8拍

2. 爵士舞蹈啦啦操自编套路

爵士舞蹈啦啦操自编套路，共6个八拍。

预备。（图3-196）

（1）第1个八拍。（图3-197至图3-200）

图3-196　预备

图3-197　1～2拍

图3-198　3～4拍

图3-199　5～6拍

图3-200　7～8拍

（2）第2个八拍。（图3-201至图3-204）

图3-201　1～2拍

图3-202　3～4拍

图3-203　5～6拍

图3-204　7～8拍

（3）第3个八拍。（图3-205至图3-208）

图3-205　1～2拍

图3-206　3～4拍

图3-207　5～6拍

图3-208　7～8拍

（4）第4个八拍。（图3-209至图3-213）

图3-209　1拍

图3-210　2拍

图3-211　3～4拍

图3-212　5～6拍

图3-213　7～8拍

（5）第5个八拍。（图3–214至图3–217）

图3–214　1拍

图3–215　2～6拍

图3–216　7拍

图3–217　8拍

（6）第6个八拍。（图3–218至图3–223）

图3–218　1拍

图3–219　2拍

图3–220　3拍

图3-221　4拍

图3-222　5～6拍

图3-223　7～8拍

3. 街舞舞蹈啦啦操自编套路

街舞舞蹈啦啦操自编套路，共4个八拍。

（1）第1个八拍。（图3-224至图3-232）

图3-224　1拍

图3-225　哒

图3-226　2拍

图3-227　哒

图3-228　3～4拍

图3-229　5拍

图3-230　6拍

图3-231　7拍

图3-232　8拍

（2）第2个八拍。（图3-233至图3-236）

图3-233　1～2拍

图3-234　3～4拍

图3-235　5～6拍

图3-236　7～8拍

（3）第3个八拍。（图3-237至图3-244）

图3-237 1拍

图3-238 2拍

图3-239 3拍

图3-240 4拍

图3-241　5拍

图3-242　6拍

图3-243　7拍

图3-244　8拍

（4）第4个八拍。（图3-245至图3-251）

图3-245　1拍

图3-246　2拍

图3-247　3拍

图3-248　4拍

图3-249　5～6拍

图3-250　7拍

图3-251　8拍

第四章
舞蹈啦啦操训练

第一节　舞蹈啦啦操训练的目的和任务

一、舞蹈啦啦操训练的目的

舞蹈啦啦操训练的目的是在教练员专门的计划和指导下，使队员逐步提高舞蹈啦啦操专项素质、技术、技能和心理水平，使其竞技能力达到理想的状态，从而在各种赛事中取得优异的成绩。

舞蹈啦啦操训练是一项系统工程，由具有不同特征的舞蹈啦啦操项目子系统组成，只有每个子系统输出最佳效果，才能培养出能力全面的人才。想要实现这一目标，子系统之间须有科学的衔接，因此要以严密的训练计划为依托。训练计划可以把训练的过程具体划分为若干独立而又彼此联系的训练任务和训练形式，并进一步具体化，成为若干按特定要求进行的练习。队员在完成这些练习的同时，需逐一完成各个层次的训练任务和达到训练要求，进而一步步地接近和实现训练目标。从这个意义上来说，训练计划是实现训练目标的一种基本途径。

二、舞蹈啦啦操训练的任务

（一）改善和提高舞蹈啦啦操队员的专项身体素质

舞蹈啦啦操队员的专项身体素质是建立在一般身体素质基础之上的，对舞蹈啦啦操队员的心肺功能（有氧及无氧代谢）和力量、柔韧、协调、平衡等身体素质提出了更高的要求。

舞蹈啦啦操队员的专项身体素质主要包括有氧及无氧状态下机体的代谢能力，身体的力量与爆发力、各关节的柔韧性、身体的平衡与控制能力、肢体动作的协调能力及灵敏性、对空间位置和运动方向的敏感性和适应外界环境变化的能力。

专项身体素质是完成舞蹈啦啦操成套动作的基础，舞蹈啦啦操队员只有具备扎实的、高水平的专项身体素质，才能为完成高质量、高难度的动作提供保障。

（二）提高舞蹈啦啦操队员的专项技术

舞蹈啦啦操专项技术包括制动、身体姿态控制、重心的转换、高空落地、转体及与同伴协调配合等技术。其归根结底是专项所要求的控制能力，这种能力一方面以专项身体素质作为依托，另一方面依靠队员对自身身体的控制。

舞蹈啦啦操专项技术是根据舞蹈啦啦操的基本原理，在长期实践中建立起来的，既是形成舞蹈啦啦操项目外在特征与内在价值的基本保证，也是形成舞蹈啦啦操正确身体形态的有效途径和方法。舞蹈啦啦操项目种类繁多，不同特征的舞蹈啦啦操项目技术风格也不同，但其基本规律与训练原则是一致的。舞蹈啦啦操队员只有经过认真反复地实践和不断地总结经验，才能掌握舞蹈啦啦操的专项技术。

（三）培养和提高舞蹈啦啦操队员的心理素质和智力水平

由舞蹈啦啦操项目特点所决定，舞蹈啦啦操队员的性格偏外向且极具表现力，在复杂的情况中，其能最大限度地控制自己，使自己完成的成套动作富有动感，充满朝气和健康向上的气息，且具有现代感。

舞蹈啦啦操队员的心理素质包括健康的人格、良好的道德品质、稳定的情绪、灵敏的感知能力及较强的逻辑思维和表达能力。

舞蹈啦啦操队员的智力水平表现在成套动作的组织与编排、完成与表现，个人的道德与气质、对周围事物的适应能力与处理能力方面。

上述这些心理素质和智力水平会直接影响舞蹈啦啦操队员的比赛成绩，教练员须通过对队员的日常训练和指导来提高。因此，培养和提高舞蹈啦啦操队员的心理素质和智力水平是舞蹈啦啦操训练的任务之一。

（四）以训促赛，推动舞蹈啦啦操事业的发展

舞蹈啦啦操训练的另一个任务是在训练中不断创新，在竞赛中展现舞蹈啦啦操运动的独特魅力，同时起到推动舞蹈啦啦操事业发展的作用。舞蹈啦啦操队员健美的体魄，优美且极富动感的成套动作不仅给人们带来赏心悦目的感官与情感的刺激和享受，而且还会吸引更多的人参与到此项运动中来，进而推动舞蹈啦啦操事业的发展。

第二节　舞蹈啦啦操训练的影响因素

一、队员

队员是训练的对象，队员的个人因素将直接影响运动成绩。舞蹈啦啦操队员的个人因素主要包括身体健康状况、伤病及生理特点，以及身体形态的发展变化。舞蹈啦啦操队员的竞技能力结构、运动年龄、队员的心理品质及个人行为特点、艺术表现力和创造力、对舞蹈啦啦操的热爱与追求等因素，都会对舞蹈啦啦操的训练产生一定的影响。

二、教练员

教练员在舞蹈啦啦操训练中的影响主要体现在其能力结构上，能力结构是指教练员在训练、比赛等实践活动中所需能力的搭配和组合。一方面，它是由多种单项能力组成的和谐统一的整体，缺少任何一种有机的组成部分，都将直接影响教练员能力的发挥；另一方面，教学、训练实践中，舞蹈啦啦操项目的类型不同，对教练员能力的要求不同。其具体包括教练员的健康状况、专业知识的深度和广度、掌握先进训练方法的程度、知识水平、经验、事业心、预见性、丰富的想象力和创造力及组织编排能力，其中组织编排能力在该项目中占有较大的比重。因此，教练员的组织编排能力对舞蹈啦啦操的训练起到至关重要的作用。教练员所具有的启发和调动队员的积极性的能力、说服教育能力、对运动队的管理能力和比赛中临场指挥能力等也是影响舞蹈啦啦操训练的重要因素。

三、训练内容与方法

从项群训练角度分析，舞蹈啦啦操应属于技能主导类表现难美性项群，日常训练内容主要包括技能训练和体能训练。协调好舞蹈啦啦操技能训练与体能训练之间的关系，合理安排训练内容和选择适当的训练方法，使训练效果最优化是影响舞蹈啦啦操训练的因素之一。

（一）技能训练的内容与方法

舞蹈啦啦操的技能训练分为技术技巧动作训练和舞蹈风格动作训练。

舞蹈啦啦操技术技巧动作包括转体类、跳步类、翻腾类和平衡与柔韧类四种。受其类型影响，技术技巧动作训练的内容要全面、系统且具有科学性、区别性和可接受性；训练方法的选择只有先进科学、合乎队员的技术水平并切实有效，才能更好地完成训练任务，提高不同类型技术技巧动作的完成质量。

舞蹈啦啦操风格动作包括花球舞蹈啦啦操、爵士舞蹈啦啦操、街舞舞蹈啦啦操三种。

花球舞蹈啦啦操主要融合了爵士舞和街舞的理念，强调舞蹈编排，运用合适的技巧、视觉效果、创意、步骤及团队统一性。其最重要的特征在于同步和视觉效果、干净和准确的动作、强大的花球技术及融合了舞蹈元素和风格。其中，视觉效果体现在高度和队形变化、团队合作和不同颜色花球的使用。

爵士舞蹈啦啦操主要融合了各种动作组合，形成不同的舞蹈、舞伴配合及技术动作要领。其强调适当地表现动作的技术、伸展、控制、身体到位、风格及连续性和队伍的统一性。

街舞舞蹈啦啦操既融合了街舞风格的动作和节奏，也融合了跳跃、停顿、加速及其他技巧动作。其强调舞蹈的执行、风格、创意、身体控制、节奏、统一性和对音乐节奏的诠释。

（二）体能训练的内容与方法

竞技体育领域所讨论的体能特指身体运动能力，是指队员为提高运动技术水平和创造优异的竞赛成绩所必需的身体各种运动能力的总称，是指机体对外界刺激或外界环境适应过程所表现出来的综合能力。人们习惯将其称为体能，通常包括力量、速度、耐力、柔韧等基本素质，还包括灵敏、协调、平衡等综合素质。

随着舞蹈啦啦操运动的快速发展及规则的不断演变，动作的难度不断加大，比赛节奏越来越快，训练和比赛的负荷也相应增加，这就要求队员需具备较强的体能。发展体能训练是提高舞蹈啦啦操队员专项运动成绩的重要手段之一。近年来，从国内外高水平舞蹈啦啦操的比赛情况来看，大大增加了比赛成套动作编排的难度，选用了很多难度较高且连接紧密的动作，这对舞蹈啦啦操队员体能训练提出了更高的要求。教练员运用科学、有效的体能训练方法，从舞蹈啦啦操队员的自身条件出发，不断加强队员身体素质的训练，促进队员技术水平的提高，使其达到良好的训练效果；同时从队员的临场表现也可以看出，良好的身体能力不但有助于提高成套动作的质量，而且有助于促进队员技术水平的发挥、心理的调控及运动损伤的预防。

四、社会环境

（一）主流媒体

在“全民健身”“健康中国”等国家政策方针的指导下，促进舞蹈啦啦操文化传播的发展，带动舞蹈啦啦操发展成为每一个啦啦操人的使命。在媒介融合视域下，舞蹈啦啦操文化传播的发展已被开启新渠道和新模式。舞蹈啦啦操是一项集团结、时尚、活力于一体的运动项目。随着手机的智能化，社交软件的逐渐增多，自媒体逐渐完善。这使得舞蹈啦啦操文化的传播更依赖于网络。

（二）客观条件

客观条件包括精神条件和物质条件。精神条件主要表现在国家对舞蹈啦啦操项目的重视和关心，家长和学校对舞蹈啦啦操训练工作的支持，学生对舞蹈啦啦操项目的热爱；物质条件主要表现在国家制定的舞蹈啦啦操运动等级制度、教学训练大纲、竞赛制度，以及科学的管理制度，必要的经费，专业的师资力量与场地设施条件，科研工作者的积极配合、医务监督、运动后恢复手段等。以上这些客观条件都是影响舞蹈啦啦操项目发展的重要因素。

五、竞赛规则

完善的舞蹈啦啦操竞赛规则不仅能促进竞赛水平的提高，吸引更多的人参与其中，达到真正教育人、锻炼人的目的，而且还会提高比赛的观赏性，进一步促进该项目的发展。

舞蹈啦啦操竞赛规则是运动竞赛理论体系建设的重要一环，是连接舞蹈啦啦操项目竞赛理论和实践的纽带。随着舞蹈啦啦操运动的不断发展，一方面，通过制定和修改竞赛规则来指引舞蹈啦啦操技术的发展方向；另一方面，舞蹈啦啦操技术的发展又促使竞赛规则不断地进行修订。竞赛规则的演变与舞蹈啦啦操技术的发展有着密切的关系，二者既相互促进，又相互制约，共同作用推动舞蹈啦啦操运动的健康发展。

第三节　舞蹈啦啦操的训练原则

舞蹈啦啦操训练原则是运动训练活动客观规律的反映，是运动训练实践经验和科学研究成果的结晶，对运动训练具有普遍的指导意义。其运用效果直接关系到能否真正提升舞蹈啦啦操队员的成绩。科学的训练原则是训练中应遵循的基本准则，只有在科学的训练原则的指导下，训练工作才能有序进行；反之，如果遵循不正确甚至错误的训练原则，不仅难以提高舞蹈啦啦操的运动成绩，而且还会导致运动损伤的发生。

一、系统性原则

系统性原则的科学基础是系统理论，由奥地利生物学家路德维希·冯·贝塔朗菲（Ludwig Von Bertalanffy）提出。运动训练的系统性原则源自夸美纽斯的教学原则体系中的“顺序、渐进、先后”等理念。系统性原则是舞蹈啦啦操训练中一个非常重要的原则，它强调训练的有序性和持续性。

舞蹈啦啦操的基本知识、基本技术是一个系统，各知识点之间、各技术技能之间有一定的内在联系和递进性。因此，训练中教练员需要有一定的排列，如果训练杂乱无章，那么就会陷入混乱，收不到成效。但是这样的排列并非简单的线性关系，而是曲折、复杂的，具有叠加性且环环相扣。只有遵循系统性训练原则，教练员才能保证队员有条理地掌握基本知识、基本技能，真正把握舞蹈啦啦操的精髓，并且能够融会贯通。

在训练中获得的技能的提高，表明在队员头脑中与条件反射相关的中枢之间建立起了暂时的神经联系。队员通过不断练习，神经系统暂时性联系越多越稳固，越能牢固掌握技术，形成技能。由于人体对训练负荷的生物适应是一个长期的、渐进的过程，训练效应的显现存在不稳定性等特点，如果中断训练，已获得的训练效应就会消退甚至消失。因此，队员从开始训练到获得优异的运动成绩，以及保持并继续提高运动成绩，需要系统地、持续地进行训练。

二、科学训练原则

科学训练原则是舞蹈啦啦操训练的基本原则，它直接影响队员对技术动作的掌握、运动水平的提升及竞技能力的发挥程度。科学训练原则的前提是对运动人体科学和运动训练理论研究的逐渐深入及对先进技术动作的不断探索。科学训练原则包括以下两层含义。

一方面，科学训练原则是指队员在训练过程中须遵循人体适应性变化的规律，在规律的指导下合理安排运动负荷的原则。科学训练必须以机体对运动负荷产生适应的生理学基础为前提，根据队员的现实可能性和人体机能的训练适应规律，以及提高队员竞技能力的需要，在训练中给予相应量度的负荷，以收到良好的训练效果。科学训练原则包括对队员身体基本状况准确地诊断、对运动量和运动强度的把控、负荷与恢复关系的协调及对运动损伤和康复计划的安排。另一方面，科学训练原则是指队员以运动技术分析和技术形成规律、舞蹈啦啦操的运动特征为依据，对技术动作进行正确诊断，把握技术核心，优化训练，以掌握先进、合理的技术动作的原则。

三、动态性原则

变化是事物的本质属性，动态性原则是舞蹈啦啦操训练的基本原则。

随着舞蹈啦啦操运动的发展，其动作内容、技术技巧也在飞速发展，相应的训练理念、训练方法也应随之改变；训练中还要受到其他相关因素的影响，如随时间、地点及队员的努力程度而变化。一方面，随着队员技术水平的不断提高，训练也应作出相应的变化；另一方面，队员在训练过程中经常会遇到一些突发情况，如临时的表演、竞赛活动，使原有的训练节奏、训练计划被打乱。因此，教练员和队员不能一成不变地对待运动训练，须及时分析训练中遇到的各种情况，适时地调整训练计划。

四、一般训练与专项训练相结合原则

一般训练是基础训练，是指教练员根据专项运动的需要，对队员的基本身体素质、形体等以非专项动作进行训练；专项训练是指队员以本专项运动的动作及与专项运动技术结构相似的练习进行训练。一般训练与专项训练是运动训练中相互依存的两个方面，任何一方面被忽视都会导致训练效果不佳，合理分配二者的比例，将其有机结合起来，是有效训练的保证。

舞蹈啦啦操训练的重点在于提高队员的技术技巧，使其具备专项的身体素质，深入挖掘舞蹈啦啦操的核心基础动作和专项技术链，以基础动作为起点，抓住技术间的相关性，形成技能的正迁移；同时根据队员的年龄、身体素质、基本技术技能水平，以及比赛周期的训练任务和训练目标，找出一般训练与专项训练的最佳比例，从而收到良好的训练效果。

五、竞赛与表演需要原则

竞赛与表演需要原则是训练的核心原则，其依据是目标对行为的导向作用以及专项训练的特异性。“以练为赛”，着眼担负的任务，围绕运动训练的基本目标，合理安排训练、竞赛与表演是舞蹈啦啦操训练的终极目标。

教练员要采取丰富多样的训练手段、训练方法解决训练、竞赛与表演脱节问题，把握训练、竞赛与表演的关系，突出实战性，结合训练任务，正确分析专项竞技能力的结构特点；依据竞赛与表演的规则、要求、变化，有目的地充分发展与专项能力相关的运动素质，设计表演竞赛场景，配合服装道具，进行模拟训练，促进训练的有效性和针对性。

舞蹈啦啦操训练专项化的发展趋向是，在训练中既要吸收世界优秀舞蹈啦啦操队伍的先进经验，也要充分考虑自身条件，大胆创新，突出舞蹈啦啦操竞赛与表演的特点，根据实践需要合理安排训练内容。

第四节　舞蹈啦啦操训练的内容与方法

一、舞蹈啦啦操基本动作训练

（一）芭蕾基础训练

芭蕾基本功是舞蹈啦啦操训练的基础，对培养优美形体、姿态，准确演绎舞蹈动作和提升艺术修养有着非常重要的作用。芭蕾基本功，特别是把杆训练，是每个舞蹈啦啦操队员都必须长期坚持的基本功训练。

1. 半蹲

半蹲是基本技术动作训练的基础。其主要训练腿部肌肉的力量和背部肌肉的控制能力，以及踝关节、膝关节、髋关节等部位的柔韧性、稳定性和灵活性，促进身体平衡能力的增长。（图4-1）

（1）动作展示。

图4-1　半蹲

（2）完成过程。

【开始姿势】面对把杆站立，两手轻扶把杆，身体保持直立，两腿外开站立，脚尖、膝关节、髋关节、肩关节保持在同一水平面上。

【动作方法】在完成动作过程中，两腿平稳地屈膝下蹲至半蹲位；然后两腿伸直平稳站立，还原成开始姿势。全程保持躯干直立。

【练习要求】身体保持直立，脚掌放于地面，下蹲和站立过程中保持匀速。需注意对呼吸的运用，下蹲开始前先吸气，在下蹲的过程中缓慢地呼气，随着两腿逐渐伸直再吸气。

【易犯错误】下蹲过程中容易屈髋（即“扣胯”），下蹲时身体前倾或后仰，臀部后引。（图4-2）

图4-2　半蹲易犯错误

【纠正方法】根据队员的自身条件，在身体保持直立、两脚正确站立的前提下，两腿尽可能地外开至最大幅度，臀部夹紧，腰背挺直。

【延伸练习】

练习一：全蹲，两腿蹲至最低位时立踵，应避免脚跟主动推起；

练习二：改变脚位，成二位蹲、三位蹲、四位蹲或五位蹲完成半蹲练习，注意脚跟不离开地面。二位蹲和四位蹲如图4-3至图4-4所示。

图4-3　二位蹲

图4-4　四位蹲

2. 擦地

擦地是芭蕾基础训练中所有动作练习的基础与延伸，正确地学习与掌握它的规范性做法，可以为其他动作的学习、练习打下良好的基础。擦地主要训练脚趾、脚掌、脚弓、踝关节、跟腱等部位的柔韧性、灵活性和力量，以及躯干的稳定性与控制能力，同时使腿部的肌肉群得到相应的锻炼。（图4-5）

（1）动作展示。

图4-5　擦地

（2）完成过程。

【开始姿势】面向把杆，两手轻扶把杆，一位脚站立，两腿伸直，保持外开，重心位于两腿之间。

【动作方法】向前擦地，即主力腿保持直立，动力腿留脚尖，主动向前推动脚跟，脚掌紧贴地面向前擦出，脚跟先离开地面；然后脚弓、脚掌依次离开地面，至正前方的最远点，脚尖点地，动力腿最大幅度地外开。当动力腿收回时，主动收脚尖留脚跟，将脚收回至开始姿势；当动力腿擦地时，身体的重心微微移至主力腿。

【练习要求】擦地时，将脚尖留住，保持脚部与腿部的外开形态；脚尖向外擦出的距离是在髋关节保持稳定、水平、不移动的情况下所能达到的最远点。收回的路线与过程按照擦出时各部位的运动顺序依次反向进行，将脚收回至开始姿势。

【易犯错误】身体重心随动力腿运动而外移、收髋等。（图4-6）

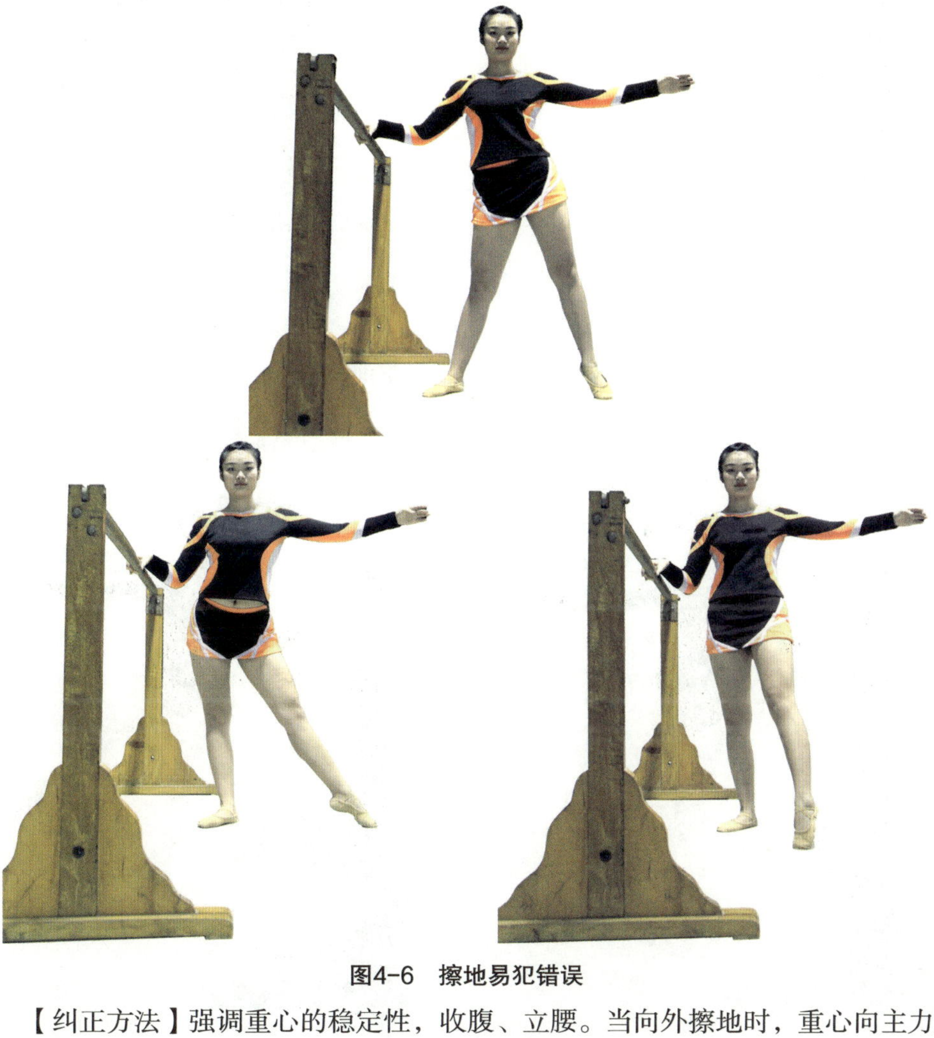

图4-6　擦地易犯错误

【纠正方法】强调重心的稳定性，收腹、立腰。当向外擦地时，重心向主力腿方向移动。教师可以采用限制性教学法（即利用教具或器材，人为地设置一些“限制”的教学方法），帮助队员体会腿、脚的外开，同时强调动力脚和主力脚要在一条直线上。

【延伸练习】侧擦地，即脚跟向侧推顶，擦出至正侧旁的最远点，再按原路线将脚收回至开始姿势。后擦地，即脚尖向后推顶，留住脚跟，保持脚部与腿部的外开，擦地至正后方的最远点，这时动力腿的脚尖与主力腿的脚跟最外侧成90°角；收回时脚跟先行，脚尖留住，将脚收回至开始姿势。（图4-7至图4-8）

图4-7　侧擦地

图4-8　后擦地

3. 小踢腿

小踢腿主要训练脚部向外踢出的能力。此训练可以提高腿部的力量和灵活性，为完成大幅度的踢腿动作及大跳动作奠定基础。（图4-9）

（1）动作展示。

图4-9　小踢腿

（2）完成过程。

【开始姿势】侧向把杆呈五位脚站立，单手轻扶把杆，两腿伸直。

【动作方法】用脚尖带动腿部，经过擦地向空中踢腿，脚距离地面约20cm处制动；然后沿踢出路线将脚反向收回至开始姿势。

【练习要求】踢出与收回要迅速、有力，并伴随擦地的全过程；髋关节要保持稳定。

【易犯错误】重心不在主力腿上，收髋、屈膝，踢出与收回动作软弱无力，缺乏控制。（图4-10）

图4-10　小踢腿易犯错误

【纠正方法】用限制物规范队员踢出的高度及完成动作的路线；使用辅助器械帮助队员加快踢出的速度；运用击掌、音乐伴奏等方法，强调动作的速度和节奏。

【延伸练习】向前小踢腿，即脚跟推动脚尖向前踢、离地制动，再按原路线将脚收回至开始姿势。向后小踢腿，即脚尖带动脚跟向后经擦地踢出至距离地面10cm处制动，再按原路线将脚收回至开始姿势。（图4-11至图4-12）

图4-11　向前小踢腿

图4-12　向后小踢腿

4. 屈伸

屈伸主要训练主力腿承受身体重量与重心稳定的能力，提升两腿屈与伸、外开与收回间的协调配合能力，为完成大幅度跳跃动作时提升膝关节的缓冲能力打下坚实的基础。（图4-13）

（1）动作展示。

图4-13　屈伸

（2）完成过程。

【开始姿势】侧向把杆站立，单手轻扶把杆，主力腿保持直立，动力腿侧点地。

【动作方法】主力腿屈膝半蹲，动力腿内收，脚尖点于主力腿踝关节处；然后主力腿伸直，动力腿向侧伸出，脚尖点地，再按原路线将脚收回至开始姿势。

【练习要求】两腿在同等外开的基础上同时弯曲、同时伸直，伸直的动力腿要有无限延伸之感。动作完成过程中要细致而缓慢，髋关节要保持稳定。

【易犯错误】身体僵硬，腿部动作幅度小，屈膝动作缺乏控制，重心前后移动。

【纠正方法】收腹提气，强调腿部的延伸感，分别练习单腿下蹲动作与收回动作；教师可以采用限制性教学法，帮助队员体会重心控制。

【延伸练习】向前及向后进行屈伸练习。

5. 小弹踢

小弹踢主要训练小腿与脚部的灵敏性，通过力量和速度的训练加强腿部的整体外开性和肌肉的控制能力，为完成小腿快速运动及小跳类动作打下坚实的基础。（图4-14）

（1）动作展示。

图4-14　小弹踢

（2）完成过程。

【开始姿势】侧向把杆站立，单手轻扶把杆，主力腿保持直立，动力腿屈膝，脚尖点于主力腿踝关节处。

【动作方法】主力腿保持直立，动力腿向侧弹踢至侧点地或侧下小踢腿；然后动力腿屈膝向内收腿，还原至开始姿势。

【练习要求】身体保持直立，以小腿运动为主，大腿要有控制。

【易犯错误】完成小弹踢动作时，容易出现扣髋、脚内扣的现象，腿部运动的全过程无控制，脚背易松弛。（图4-15）

【纠正方法】用限制物帮助队员体会腿部外开的动作；通过慢动作练习，强调腿部的控制及脚的姿态。

【延伸练习】分别练习向侧、向后小弹踢；依次做向前—向侧—向后—向侧的小弹踢练习。

图4-15　小弹踢易犯错误

6. 控制

控制主要训练动力腿的外开与控制能力，以及腿部向外伸展的控制能力，同时增强主力腿的支撑能力与背部肌肉的控制能力。（图4-16）

（1）动作展示。

图4-16　控制

（2）完成过程。

【开始姿势】侧向把杆站立，单手轻扶把杆，一位脚或五位脚站立。

【动作方法】主力腿保持直立，动力腿通过擦地向前抬至与地面成90°角。

【练习要求】身体保持直立，重心要稳定。当主力腿外开伸直时，同侧髋关节要向上提起；动力腿在空中要伸直不要晃动，要有控制，脚背要绷直。

【易犯错误】完成动作时，髋关节外展、内收，主力腿屈膝等。（图4–17）

图4–17　控制易犯错误

【纠正方法】动力腿放于把杆上，体会控制时髋关节的位置。

【延伸练习】分别做向侧、向后的控制练习。（图4–18至图4–19）

图4–18　侧控制

图4–19　后控制

7. 大踢腿

大踢腿主要训练腿部肌肉、韧带的张弛感，训练脚经擦地迅速向空中摆腿的能力，提高腹背部与主力腿的控制能力，为完成大幅度踢腿和跳跃动作奠定基础。（图4–20）

（1）动作展示。

图4-20　大踢腿

（2）完成过程。

【开始姿势】侧向把杆站立，单手轻扶把杆，一位脚或五位脚站立。

【动作方法】主力腿保持直立，动力腿经擦地快速向空中踢至最高处。

【练习要求】身体保持直立，腿部外开，脚背要绷直，快速向上踢腿，主力腿侧的髋关节向上提起，动力腿落地时需控制。需注意的是，脚要经过擦地踢起、擦地收回。

【易犯错误】在完成大踢腿动作时，完全使用大腿根部的力量踢腿，同侧髋关节顶出，影响了身体的平衡性。（图4-21）

图4-21　大踢腿易犯错误

【纠正方法】先做小幅度踢腿练习，体会在保持髋关节稳定的情况下使用小腿和踝关节的力量踢腿。

【延伸练习】分别做向侧、向后的大踢腿练习。

8. 画圆

画圆主要训练小腿的灵敏性，提高身体各部位的控制能力，使腿部的外开得到锻炼。（图4–22）

（1）动作展示。

图4–22　画圆

（2）完成过程。

【开始姿势】侧向把杆站立，单手轻扶把杆，主力腿直立，动力腿保持外开，脚尖前点地。

【动作方法】动力腿保持外开，脚尖由前点地向外画圆经侧至后点地，再向外画圆至前点地。

【练习要求】动力腿在运动中保持外开，脚尖点地画大圆。

【易犯错误】完成画圆动作时，髋关节容易内扣，在运动过程中呈现“关腿”状态。

【纠正方法】队员可使用辅助器械在动力腿运动过程中保持外开，体会动力腿外开的发力方式。

【延伸练习】队员可由一位脚站立开始，向前擦地至前点地—向外画圆至侧点地—继续画圆至后点地—向内擦地至一位脚站立，再向后反方向画圆。进阶练习：动力腿在空中完成画圆动作（图4-23）。

图4-23　画圆进阶练习

（二）身体素质训练

根据舞蹈啦啦操的动作特点，舞蹈啦啦操队员需具备的身体素质包括柔韧素质、力量素质、速度素质、灵敏素质、耐力素质等。

1. 柔韧素质训练

柔韧素质是指人体关节韧带的活动幅度，以及肌肉、肌腱和韧带等软组织的伸展能力。舞蹈啦啦操对队员的柔韧素质有很高的要求。不论是单纯的柔韧类动作（如劈叉、踢腿、垂地劈腿等），还是多样化的柔韧类动作［（如依柳辛、抱腿转体和大幅度跳步动作（如大跨跳、结环跳）］，甚至是翻腾动作（如前软翻等），都需要舞蹈啦啦操队员具有足够的柔韧素质储备方能完成。柔韧素质是充分发挥肌肉力量，掌握技术动作的必要条件。它能使队员大幅度地完成动作，提升动作美感、增强表现力，且对预防运动损伤有积极的作用。

（1）柔韧素质训练的主要部位。

舞蹈啦啦操的动作幅度讲求大开大合、高低起伏、快速多变，对身体各个关节的柔韧性要求都非常高，特别是髋、肩、胸、腰等部位，以大关节柔韧练习为主，在关节运动方向上主要以伸、环绕、外展等为主。另外，柔韧性具有单独肌肉和关节的特性，即在身体的某一部位具有较好的柔韧性，不代表其他部位也具有同样良好的柔韧性。因此，舞蹈啦啦操队员要全面发展身体各个部位的柔韧素质。

（2）柔韧素质训练方法。

目前常用的柔韧素质训练方法包括：动态拉伸法、静态拉伸法、器械辅助法、PNF拉伸法、主动拉伸法、被动拉伸法、热效应训练法和意念辅助法。提高柔韧素质训练的方法包括：下肢采用压、踢、控相结合的训练方法；肩关节采用压与转相结合的训练方法，如吊杠。如果采用主动拉伸法与被动拉伸法相结合（主要有压、转、拉、吊、振、耗、踢等）的训练方法，则以10 s对抗阻力训练为佳。身体主要部位柔韧素质训练的具体方法，如图4-24至图4-46所示。

练习部位包括胯部、肩部、胸腰和躯干。

①胯部。

A.静力性练习：包括单边架高耗腿练习和两边架高耗腿练习。

图4-24　单边架高耗腿练习

图4-25　两边架高耗腿练习

B.动力性练习：包括把上主动弹压练习、地面被动压练习、站立搬腿练习、限制面推顶练习和踢腿练习。

图4-26　把上主动弹压练习

图4-27　地面被动压练习

图4-28　站立搬腿练习

图4-29　限制面推顶练习

图4-30　踢腿练习

②肩部。

A.静力性练习：包括把上耗压练习和正、反吊肩练习。

图4-31　把上耗压练习

图4-32　正、反吊肩练习

B.动力性练习：包括把上弹压练习、转肩练习和俯卧上提和下压练习。

图4-33　把上弹压练习

图4-34　转肩练习

图4-35　俯卧上提、下压练习

③胸腰。

A.静力性练习：包括桥练习和吊腰练习。

图4-36　桥练习

图4-37　吊腰练习

B.动力性练习：包括俯卧下压胸腰练习、俯卧提拉胸腰练习和绕环练习。

图4-38　俯卧下压胸腰练习

图4-39　俯卧提拉胸腰练习

图4-40 绕环练习

④躯干。

A. 静力性练习：包括地面抱脚练习、仰卧后伸练习、斜面抱脚练习和站立抱脚练习。

图4-41 地面抱脚练习

图4-42 仰卧后伸练习

图4-43 斜面抱脚练习

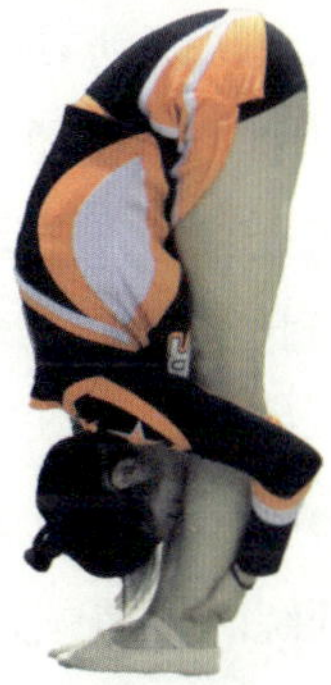

图4-44 站立抱脚练习

B.动力性练习：包括斜面压并腿前屈练习和体前屈走练习。

图4-45　斜面压并腿前屈练习

图4-46　体前屈走练习

（3）柔韧素质训练的注意事项。

①充分的准备活动是保证拉伸效果和预防损伤的前提。关节的灵活性、肌肉的黏滞性具有随体温的上升而下降的特性。适度热身使体温升高，关节的灵活性增加，肌肉的黏滞性下降，可以提升拉伸练习的效果，并有效地防止肌肉拉伤。

②拉伸方向正确，是保证柔韧素质训练科学性的前提。运动系统由骨、骨连结和骨骼肌组成，骨借骨连结构成骨骼，肌肉附着于骨。它规定了各关节的运动形式，拉伸的方向要顺从各关节解剖生理结构特点，这是保证柔韧素质训练科学性的前提。

③高度的自觉性、完成训练任务的心理定向，以及坚强的意志力都是柔韧素质训练顺利进行的保障。疼痛感时刻伴随着柔韧素质训练，特别是在训练的初期和提高阶段，因此，教练员给予舞蹈啦啦操队员思想上的鼓励是非常重要的，要让舞蹈啦啦操队员认识到柔韧素质的重要性，以积极、自觉的态度对待柔韧素质训练。

④主动肌与拮抗肌都要拉伸，身体相关联的各个部位都要兼顾。主动肌与拮抗肌在形式上对立，在运动中协调统一，人体活动时需要主动肌与拮抗肌之间的协同配合，因此在柔韧素质训练时要考虑到这两方面肌肉的收缩与拉伸。此外，柔韧性的表现不仅仅在一个关节或身体的某个部位，而是牵涉到几个相互关联的部位，如肩、胸、腰等部位的柔韧性直接关联到躯干的柔韧性，因此舞蹈啦啦操队员进行柔韧素质训练时要兼顾到这些相关联的部位。

⑤把握好柔韧素质训练的度。“度”包括以下三个方面：一是幅度，柔韧素

质训练的幅度应由小到大；二是力度，柔韧素质训练的力度应由小到大，做到循序渐进；三是柔韧素质训练要做到既要柔又要韧，既要有软度又要有力度。训练时只有将多种方法综合运用，如先振动、后拉伸、再持续（耗），要将主动拉伸与被动拉伸相结合且使柔韧素质训练与力量素质训练相适应，才能做到柔韧素质与力量素质协同发展。

2. 力量素质训练

力量素质是指人体克服阻力时表现出来的能力。高质量完成舞蹈啦啦操的跳步、转体、平衡与柔韧等技术技巧动作都是以一定的力量素质作为保证的。

在训练实践中，负荷是力量素质训练的关键指标。舞蹈啦啦操的动作主要对抗的阻力来自队员自身的体重，因此首先应采取对抗自身阻力为负荷的方法，其次应采取外加负荷的方法，来加强力量素质训练。研究表明，抗阻训练负荷选择只有不少于60%1RM（即一次能举起的最大重量），才能达到刺激－效应增强肌肉力量的目的。另外，结合专项动作进行力量素质训练是舞蹈啦啦操力量素质训练的重要手段，如当进行成套动作训练时，队员需在手腕、脚踝处绑缚沙袋进行力量素质训练。

力量素质训练可以采用以下几种练习方法，也可以将以下几种练习方法结合起来进行练习：

①动静结合式，即练习与控制相结合，练习中先快速做动作，然后在最吃力位置停几秒钟。

②快慢结合式，即练习时肌肉做离心收缩时要快速，做向心收缩时要慢速。

③定时计数法，即在规定时间内统计完成动作的数量。

④定数计时法，即统计完成规定数量的动作所用的时间。

⑤最大计数法，即统计规范完成动作的最多数量。

⑥节奏训练法，即以教练员的口令、节拍器或音乐为节奏，在规定时间内以一定速度进行训练。

⑦变速练习法，即以变换的速度完成动作，如以5次中速、5次快速、5次慢速进行练习。

根据舞蹈啦啦操的动作特征及参与动作的主要身体部位，力量素质训练可分为上肢力量训练、下肢力量训练和核心力量训练。

（1）上肢力量训练。

舞蹈啦啦操的动作以快速力量和制动为主要特征，即在完成动作时肌肉以最快速度克服阻力并且瞬间制动。因此，上肢力量训练需定位在肩带关节和前臂冲拳类动作及其制动所需要的力量。具体训练方法如下。

①多样化俯卧撑练习。

俯卧撑是最常用、最简便易行，且力量训练效果显著的一种训练方法，训练的主要肌群有肱三头肌、胸大肌、三角肌，同时还可以训练前踞肌和喙肱肌等。练习时队员屈肘，重心下降需平稳，肩部低于肘关节时稍做停顿，再使出全力，快速推起。俯卧撑练习无须器械，占据空间小，具有普遍性和实效性。练习时教练员可根据队员的训练水平和兴趣改变练习形式，使练习具有不同难度，也更具有针对性和趣味性。

A. 跪式俯卧撑：

【动作方法】双膝跪地，小腿抬起，两手撑地，背直、收紧腰腹；屈肘，身体重心下降，然后手臂向上推起。（图4-47 ）

图4-47　跪式俯卧撑

B. 标准俯卧撑：

【动作方法】俯撑，手臂略宽于肩，两腿伸直并拢，肘关节向外弯曲，身体重心下降，稍停顿后手臂向上推起。（图4-48）

图4-48　标准俯卧撑

【延伸练习】标准俯卧撑的延伸练习方法非常多：可以将手和脚调到不同水平面，如高姿俯卧撑，练习时手高脚低；低姿俯卧撑。练习时手低脚高，直至做倒立推起。可以变化支撑手臂间的宽度，如窄距俯卧撑。练习时两手间距小于肩；宽距俯卧撑，练习时两手间距大于肩。可以改变屈肘的方向，如夹肘俯卧撑、侧倒俯卧撑、后倒俯卧撑或俯撑移重心。可以改变支撑点的数量，如三点俯卧撑、单臂俯卧撑和两点俯卧撑。还可以在腰、背部放置或绑缚负荷物，如负重俯卧撑。（图4-49至图4-59）

图4-49　高姿俯卧撑

图4-50　低姿俯卧撑

图4-51　窄距俯卧撑

图4-52　宽距俯卧撑

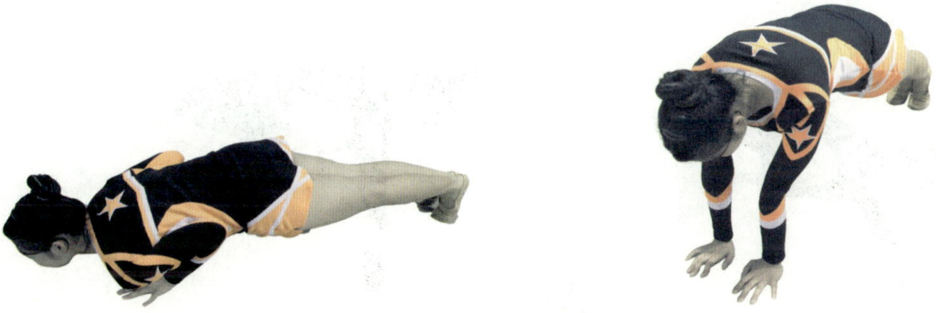

图4-53　夹肘俯卧撑

图4-54　侧倒俯卧撑

图4-55　后倒俯卧撑或俯撑移重心

图4-56　三点俯卧撑

图4-57　单臂俯卧撑

图4-58　两点俯卧撑

图4-59　负重俯卧撑

C.俯卧深撑：

【动作方法】手、脚支撑在长条凳或双杠上，动作方法同俯卧撑。（图4-60）

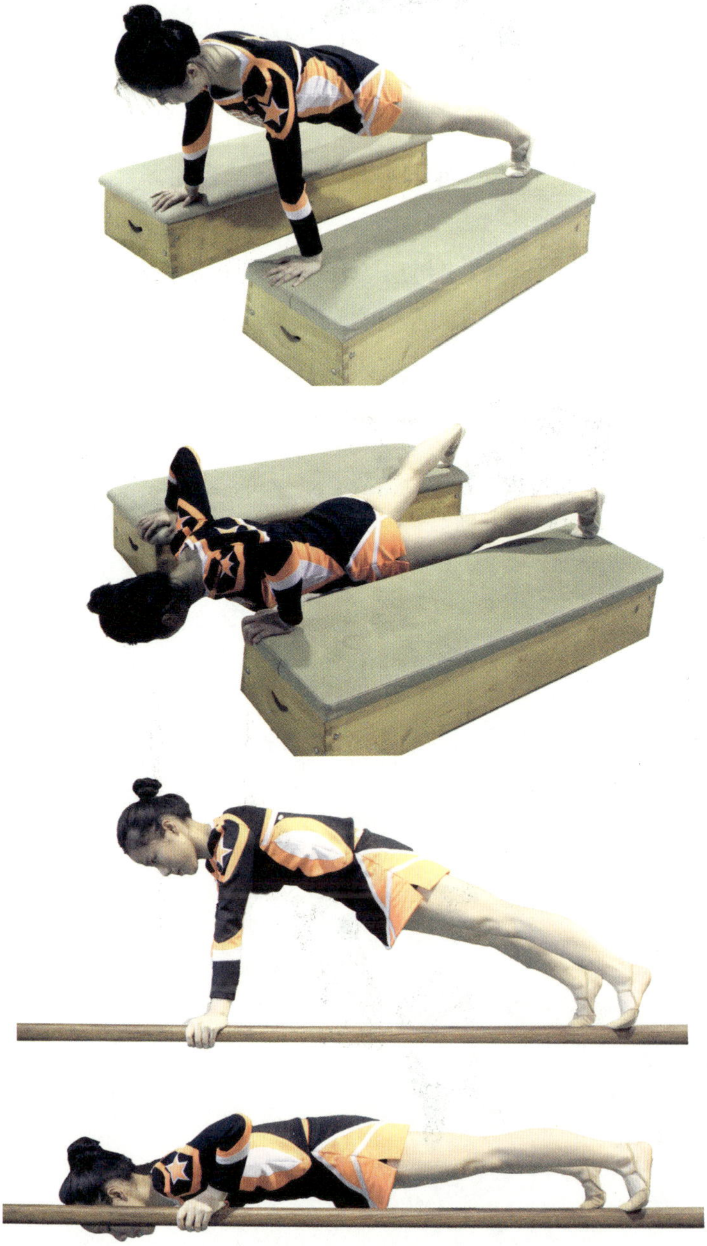

图4-60　俯卧深撑

D.俯卧撑推起：

【动作方法】俯撑姿势，向下做双臂屈的动作，向上推起时手臂离开地面，做体前或体后击掌。（图4-61）

图4-61 俯卧撑推起

【延伸练习】俯卧撑腾起，即向下屈肘，向上推起两手时两脚同时向上腾起，再回到俯撑位置；亦可向前、后、左、右任意方向做推撑腾起移动；提臀腾起，即动作前半段同俯卧撑，向上推起时手、脚同时离地。（图4-62）

图4-62 俯卧撑腾起

②两臂屈伸练习。

【动作方法】双杠上支撑，向下做两臂的屈和向上撑起动作。在练习初期，可由辅助者扶托队员的髋部或两腿，给予辅力；也可两手支撑在矮凳上，两腿前伸，做两臂屈伸练习。（图4-63）

图4-63 两臂屈伸练习

③引体向上练习。

【动作方法】悬垂于单杠下，向上屈臂引带身体至下颌超过杠面［图4-64（a）］。

【延伸练习】可采用两手正握杠的方法，即两手虎口相对，大拇指从杠面下方握杠，其余四指从杠面上方握杠；也可采用反握单杠的方法，即两手掌心向内

（朝向身体）、虎口向外的姿势；还可采用宽握或窄握杠的方法，即改变两手握杠的间距。在练习初期，可在矮单杠上进行，即两脚放在杠前地面上，呈斜向引体向上；或由同伴扶托队员的髋部或两腿给予辅力。［图4–64（b）］

（a）

（b）

图4–64　引体向上练习

④卧推练习。

【动作方法】仰卧于长条凳上，手持杠铃，做屈臂及向上撑起的动作。（图4–65）

图4-65　卧推练习

【延伸练习】可做宽距卧推或窄距卧推，即改变手臂握杠铃的宽度。（图4-66至图4-67）

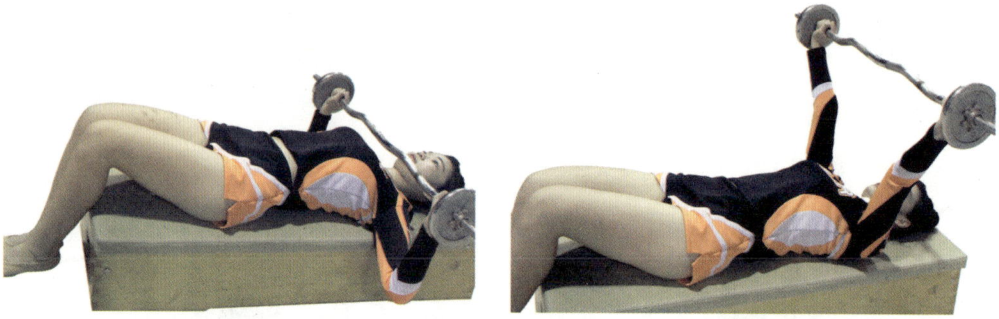

图4-66　宽距卧推

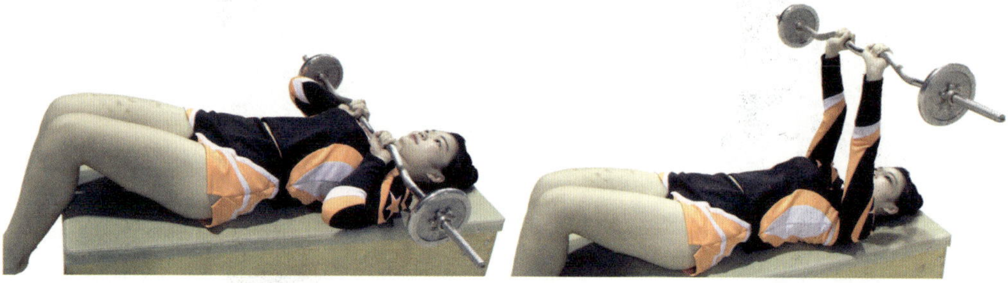

图4-67　窄距卧推

⑤负重屈伸练习。

【方法一】手臂呈半屈状固定，手持哑铃，做手腕屈伸练习；也可通过改变握法进行不同部位肌肉的练习。［图4-68（a）］

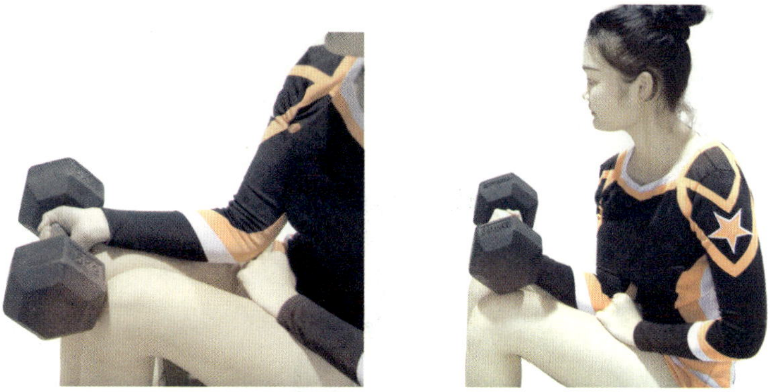

（a）

【方法二】上臂固定，手持哑铃，做前臂屈伸练习。［图4-68（b）］

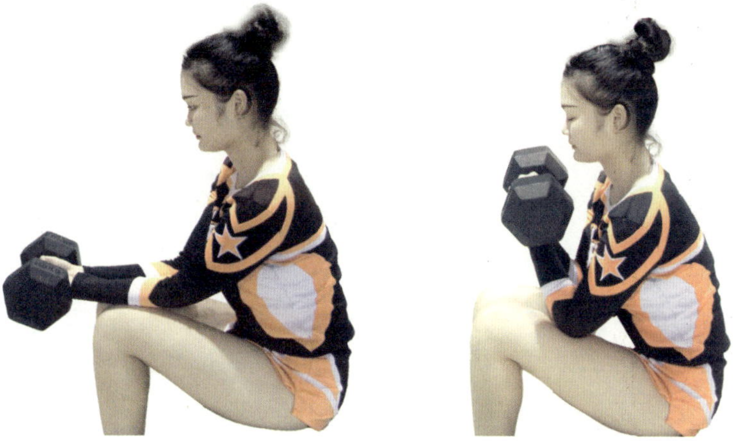

（b）

【方法三】提拉哑铃练习，即两腿前后开立，屈膝半蹲，一手或两手在体侧抓握哑铃，然后屈臂向上提拉哑铃。［图4-68（c）］

（c）

图4-68　负重屈伸练习

【方法四】直臂摆动哑铃练习，即两脚前后站立，两手在体前抓握哑铃，直臂向前摆动哑铃。［图4-68（d）］

（d）

图4-68　负重屈伸练习（续）

⑥手臂力量练习。

利用弹力绳进行手臂力量练习，两臂可同时练习，也可轮流练习。

【方法一】站立，两脚并拢，弹力绳折中踩在一只脚下，两臂下垂，两手各持一绳头，向前、向侧做直臂摆动练习。［图4-69（a）］

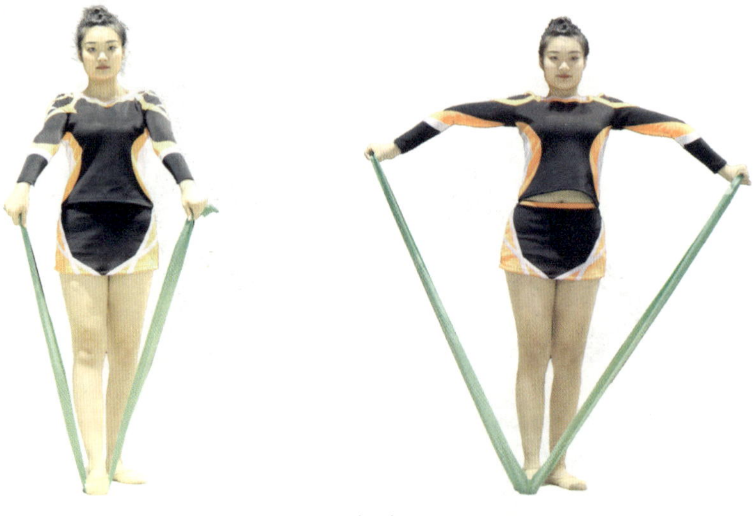

（a）

图4-69　手臂力量练习

【方法二】站立，两脚并拢，弹力绳折中踩在两只脚下，两臂屈肘于胸前，两手各持一绳头，向前、向侧、向上做冲拳练习。［图4-69（b）］

（b）

【方法三】背向把杆站立，弹力绳折中固定在把杆上，屈臂于胸前，两手各持一绳头，向前、向上做冲拳练习。［图4-69（c）］

（c）

图4-69 手臂力量练习（续）

【方法四】背向把杆站立，弹力绳折中固定在把杆上，两臂侧平举，两手各持一绳头，向前做收拢两臂练习。［图4-69（d）］

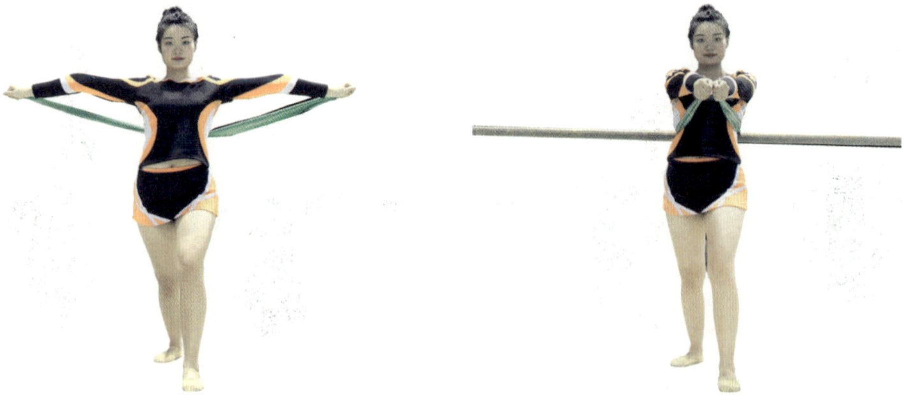

（d）

图4-69　手臂力量练习（续）

（2）下肢力量训练。舞蹈啦啦操下肢动作的发力以对抗自身体重的相对力量及瞬间的爆发力为主。重点部位力量练习：踝关节力量以控制为主；下肢力量以爆发力为主；抗阻训练，最大负荷为60%～80%。

①半蹲练习。

【动作方法】静蹲，即背部靠墙，两腿并拢，立踵，屈膝半蹲，膝关节成90°角，保持此姿势2～4min。对于初级队员来说，可全脚掌着地；进阶练习：可一条腿前举，做单腿静蹲的练习。（图4-70）

图4-70　半蹲练习

【延伸练习】马步半蹲练习。（图4-71）

图4-71　马步半蹲练习

②立踵练习。

【动作方法】侧向单手扶把杆站立，两腿并拢，快速立踵，达最高点后下压脚跟。（图4-72）

图4-72　立踵练习

【延伸练习】变速立踵，即快起慢落，连续完成几个或几十个动作，在最后一个立踵姿势保持1min。可双脚轮流进行练习；也可利用平衡半球或小球进行双脚或单脚立踵练习（图4-73）；还可主力腿站在台阶的边缘处，立踵姿势不变，下压脚至台阶下，尽力拉伸。

图4-73　立踵延伸练习

③蹲起练习。

【动作方法】两脚开立，两臂前平举，屈膝下蹲，然后迅速直膝站立；也可由并腿直立姿势开始，两手抱头，一条腿向前迈步成开腿蹲立，然后两条腿蹬直成直立；还可身体侧对把杆，一手扶把杆，进行单腿蹲起练习；随练习进程加大下蹲深度，进行单腿或双腿蹲起练习。（图4-74）

图4-74　蹲起练习

图4-74　蹲起练习（续）

【延伸练习】分腿直立，肩扛杠铃，向下做半蹲或深蹲，然后站立；亦可调整为两腿前后站立，身体重心置于两腿中间，向下半蹲，在最低位置做小幅度弹动3～4次，再伸膝站直。迈步蹲起，即肩扛杠铃，向前迈步半蹲，两膝关节成90°角［图4-75（a）］；进阶练习：下蹲—起跳，反复进行此练习。［图4-75（b）］

（a）

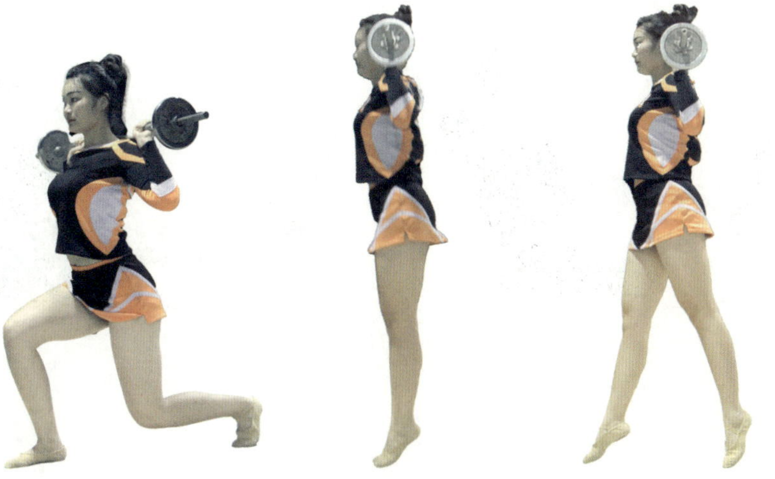

（b）

图4-75　蹲起延伸练习

④踢控练习。

【动作方法】踢控练习能够增强下肢力量及控制。队员侧向单手扶把杆站立，向前、向侧、向后轮流做踢腿及控腿练习，要求动作快起慢落；进阶练习：在外侧脚的脚踝处绑缚沙袋，进行上述练习。（图4–76）

图4–76 踢控进阶练习

⑤利用综合力量训练器。

【方法一】蹬伸练习：坐姿，两脚踩踏练习器，进行蹬伸练习。（图4–77）

图4–77 蹬伸练习

【方法二】抗阻屈伸练习：坐姿，膝关节位于凳子边缘，进行抗阻屈伸练习（图4-78）；俯卧，两腿进行勾伸练习。上述练习两腿可以同时进行，也可交替进行。

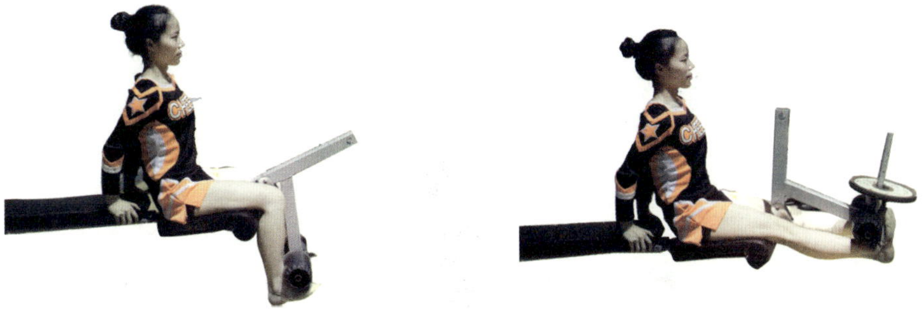

图4-78 抗阻屈伸练习

⑥弹力绳练习。

【方法一】站立，两脚略窄于肩，弹力绳折中踩在两只脚下，两手各持一绳头，屈臂于肩上，进行蹲、起练习。[图4-79（a）]

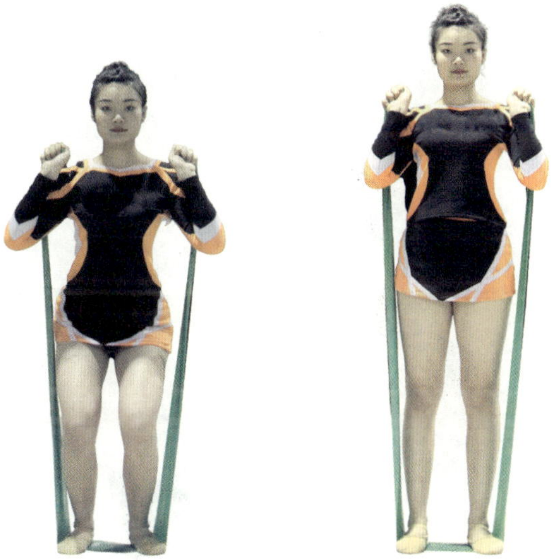

（a）

图4-79 弹力绳练习

【方法二】站立，侧向或面向把杆站立，三折或四折弹力绳，将其绑缚在脚踝处，以一条腿为主力腿，做向前、向侧或向后的摆腿练习。[图4-79（b）]

（b）

【方法三】坐姿，将弹力绳折中，队员单脚踩弹力绳的中段，两手各持一绳头，做屈伸腿练习；也可两腿踩弹力绳的中段进行屈伸腿练习。［图4-79（c）］

（c）

图4-79　弹力绳练习（续）

【方法四】并腿坐，将弹力绳绑缚在两脚踝关节处，两腿用力向外分，拉开

弹力绳。［图4-79（d）］

（d）

【方法五】侧卧，将弹力绳折中，单脚套勾弹力绳的中段，一手持双绳头，做屈伸腿练习。［图4-79（e）］

（e）

【方法六】俯卧，将弹力绳折中，单腿稍向后抬，单脚套勾弹力绳的中段，两手各持一绳头，做屈伸腿练习。［图4-79（f）］

（f）

图4-79 弹力绳练习（续）

（3）核心力量训练。

核心力量是指由附着在人体的核心部位的肌肉、韧带收缩产生的力量。核心部位是指从胸的中部到髋关节以上部位，包括胸、腰、腹、背、髋等部位。核心力量对于控制重心运动，维持身体平衡，传递上、下肢力量，以及运动中主动发力起重要作用，是身体重要的控制源和稳定源。同时，核心部位的力量训练亦可预防运动损伤的发生，从而保证高强度、大负荷专项训练的持续进行。舞蹈啦啦操的许多动作都是在维持躯干和身体重心相对稳定的动态平衡状态下完成转体、跳步等技术技巧动作的。因此，舞蹈啦啦操队员通过提高核心肌群的力量，可以维持身体平衡，保证动作的稳定发挥。舞蹈啦啦操队员核心力量练习具体方法如下。

①单人徒手练习。

A.平板支撑：

【动作方法】俯卧位，两臂屈肘支撑于地面，躯干伸直，两腿并拢，脚尖踩地，头、躯干、腿保持在同一水平面上。这是静力性训练，支撑时间随练习进程逐渐延长。（图4-80）

图4-80　平板支撑

【延伸练习】跪姿平板支撑：初阶练习时，可采用跪撑的姿势，即两腿弯曲成90°角，两手撑地，躯干与地面平行，收腹上提，使膝盖离开地面。侧撑：侧向，单臂支撑，两腿并拢同侧脚支撑地面，身体收紧保持伸直；可以进阶为一条腿支撑，另一条腿上举。俯撑扭转：俯撑姿势，一臂支撑，另一臂上举，身体打开，稍做停留后，向对侧肩伸出。斜撑：动作形式同俯撑，抬高脚部，使身体与地面成一定角度；斜撑之后可以进阶到倒立练习，如采用正靠、反靠、足尖顶（局部）等练习形式。反撑：队员由坐姿开始，两手体后撑地，两腿伸直并拢，挺直髋部，身体向上顶起。（图4-81至图4-86）

图4-81　跪姿平板支撑

图4-82　侧撑及进阶练习

图4-83　俯撑扭转

图4-84　斜撑

正靠　　反靠　　足尖顶（局部）

图4-85　倒立

图4-86　反撑

B.仰卧卷腹：

【动作方法】仰卧，半屈膝，两脚全脚掌着地，两手抱头，做仰卧起坐练习。（图4-87）

图4-87 仰卧卷腹

【延伸练习】仰卧举腿：仰卧，手臂上举，收腹起腿，腿部尽量靠近身体。两头起：仰卧，两臂伸直上举，收腹，上体和腿部同时离地，手触脚尖。对侧卷腹：直体仰卧，两手抱头，收腹，单腿屈膝上提，同时起上体，稍向屈腿侧转体，用对侧肘关节触碰膝盖。摇小船：仰卧，两臂上举，身体收紧，依次抬起身体，先抬起上身，然后上身后仰时起腿，让身体像小船一样摇荡。（图4-88至图4-91）

图4-88 仰卧举腿

图4-89 两头起

图4-90 对侧卷腹

图4-91　摇小船

C.背肌练习：

【动作方法】俯卧，两手抱头，两腿并拢，背肌收缩，同时向上抬起头部和腿。（图4-92）

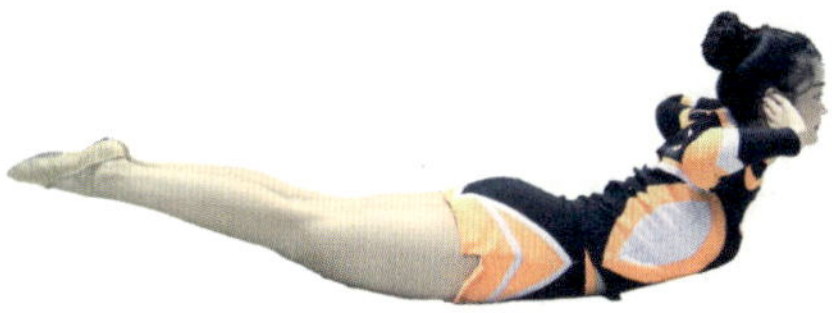

图4-92　背肌练习

【延伸练习】背肌小船：俯卧，两臂上举，身体收紧，依次抬起身体，先抬起上身，然后上身向下时起腿，让身体像小船一样摇荡。对侧起臂腿：俯卧，臂腿伸直，身体收紧，对侧臂、腿同时抬起。仰卧提臀：仰卧，两腿微屈，两脚全脚掌着地，肩部着地，臀部用力向上推顶；两手体后撑地，两腿屈膝成90°角，臀部用力向上推顶；仰卧提臀进阶练习：两手体后撑地，一条腿向前举，另一条腿屈膝成90°角，臀部用力向上推顶。（图4-93至图4-96）

图4-93　背肌小船

图4-94　对侧起臂腿

图4-95　仰卧提臀

图4-96　仰卧提臀进阶练习

②轻器械之健身瑜伽球练习。

A. 仰卧卷腹：

【动作方法】仰卧在瑜伽球上，两腿略分开，两手抱头，收腹起上体。仰卧卷腹进阶练习：背部倚靠在瑜伽球上，两腿略分开，两手抱头，收腹起上体。需注意的是，当身体的不同部位倚靠在瑜伽球上进行练习时，对核心部位会起到不同的锻炼效果。（图4-97至图4-98）

图4-97　仰卧卷腹

图4-98　仰卧卷腹进阶练习

【延伸练习】对侧收腹：腰部倚靠在瑜伽球上，两手抱头，抬起一条腿，对侧手臂用肘关节触碰其膝关节。收腹传接球：用脚夹住瑜伽球做两头起，在最高点时将瑜伽球递给两手，然后身体打开，躺下。在下一次练习时，两手举瑜伽球，并在最高点时，两脚接过瑜伽球并夹住，还原至起始姿势。（图4-99至图4-100）

图4-99 对侧收腹

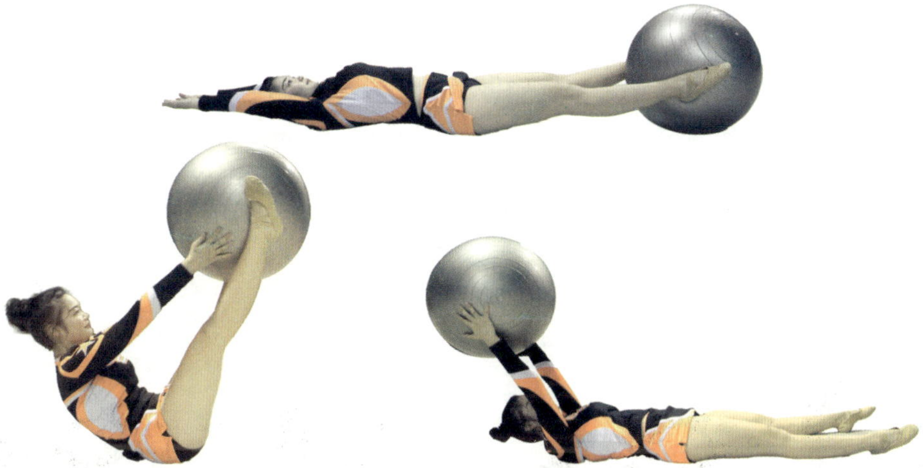

图4-100 收腹传接球

B.俯撑屈伸：

【动作方法】俯撑，两腿并拢，小腿放在瑜伽球上，收腹，大、小腿夹紧；然后伸展腿部，将瑜伽球滚至最远端，并控制5～6s。（图4-101）

图4-101 俯撑屈伸

【延伸练习】两腿始终伸直完成屈伸动作，即收腹时，使身体呈现“A”字形。（图4–102）

图4–102 俯撑屈伸延伸练习

C.仰卧提臀（有瑜伽球）：

【动作方法】仰卧，两腿放在瑜伽球上，两臂置于体侧，提臀使背部离开地面。仰卧提臀（有瑜伽球）进阶练习：两臂体后撑地，可一条腿屈膝踩地，另一条腿放在球上，做提臀练习；也可一条腿上举控腿，另一条腿放在球上，做提臀练习。（图4–103至图4–104）

图4–103 仰卧提臀（有瑜伽球）

图4–104 仰卧提臀（有瑜伽球）进阶练习

【延伸练习】仰卧，两腿屈膝踩在瑜伽球上，两臂体后撑地，用脚将瑜伽球推向远处，提臀使身体离开地面。（图4-105）

图4-105　仰卧提臀（有瑜伽球）延伸练习

D. 俯卧起上体：

【动作方法】俯卧，上身趴在瑜伽球上，两臂上举，两脚着地，抬头挺胸起背肌，重心随瑜伽球前移，两手撑地。（图4-106）

图4-106　俯卧起上体

【延伸练习】俯卧起腿：腹部置于球上，两手撑地，两腿向上抬离地面；随着队员训练水平的不断提高，可做单腿抬离地面的练习（图4-107）。仰卧起腿进阶练习：可做异侧臂腿抬离地面的练习。（图4-108）

图4-107　俯卧起腿

图4-108　俯卧起腿进阶练习

E. 瑜伽球上平板支撑

【动作方法】屈肘，肘关节支撑在瑜伽球上，身体及腿部伸直，进行控制练习（图4-109）。进阶练习：手臂向前推动瑜伽球，拉长动作半径。

图4-109　瑜伽球上平板支撑

【延伸练习】侧卧于瑜伽球上，两手抱头，向侧顶抬起身体。（图4-110）

图4-110　瑜伽球上平板支撑延伸练习

③固定器械之肋木架练习。

A.悬垂举腿：

【动作方法】悬垂于肋木架上（也可用单杠代替），两腿并拢，向上收腹举腿。此练习可由同伴辅助完成，也可结合不同的身体姿态，如团身举腿、分腿举腿、科萨克举腿等完成。（图4-111至图4-114）

图4-111　悬垂举腿

图4-112　团身举腿

图4-113　分腿举腿

图4-114　科萨克举腿

【延伸练习】悬垂绕环：基本姿势同悬垂举腿，起腿时从一侧向上画圈至另一侧画圈，最后回到悬垂位置。（图4-115）

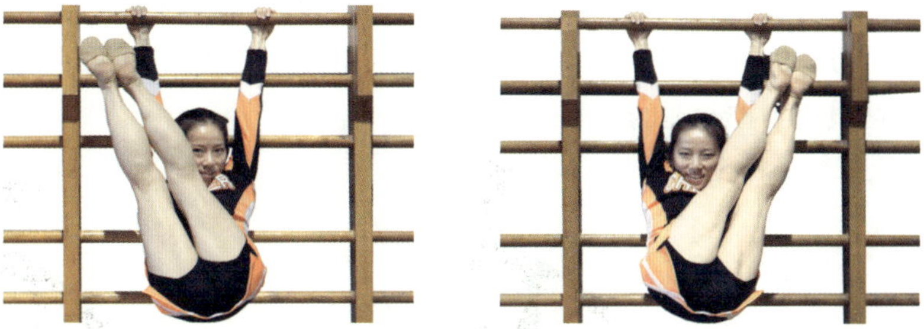

图4-115　悬垂绕环

B. 斜板仰卧起坐：

【动作方法】仰卧于斜板上，下肢固定，两臂交叉于胸前，收腹抬起上体；也可通过调节身体的斜度，来降低头部的位置，增大练习的难度。（图4-116）

图4-116　斜板仰卧起坐

④双人练习。

A.推小车：

【动作方法】俯撑，以手为脚向前爬行，辅助者用两手托抓住队员两脚的踝关节；也可采用分腿爬行或并腿爬行。（图4-117）

图4-117　推小车

B. 仰卧举腿：

【动作方法】队员仰卧，两手抓住辅助者的脚踝；辅助者的两腿稍分开，站在队员肩部上方，队员收腹举腿，用脚尖触碰辅助者的手掌，辅助者用力将队员的脚推出去，队员用力控制腿的回落。（图4-118）

图4-118　仰卧举腿

【延伸练习】辅助者可将手作为标志物，引导队员向各个方向收腹举腿。

C. 俯卧背肌：

【动作方法】队员并腿俯卧，两手抱头，辅助者两腿分立，坐压在队员的腿上，队员抬头起上体；辅助者也可伸出手，让队员触碰其手掌。（图4-119）

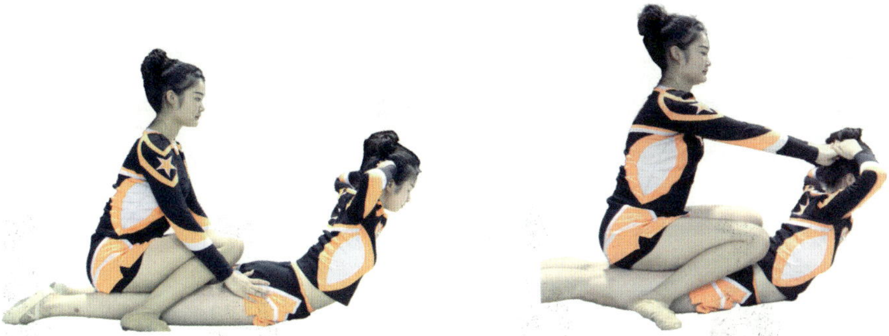

图4-119　俯卧背肌

【延伸练习】辅助者可将手作为标志物，引导队员向各个方向抬起上体。

3. 速度素质训练

速度素质是指人体快速完成动作的能力。舞蹈啦啦操队员的速度素质主要表现在动作速度和移动速度，如快速踢腿、快速移动队形。速度素质是完成难度技术动作和表现动作活力的关键素质，可以用频率，即以单位时间内所完成的动作数量来衡量队员的速度素质。舞蹈啦啦操队员速度素质练习方法具体如下：

（1）快速踢腿。

【动作方法】侧向把杆站立，单手轻扶把杆，外侧脚脚尖前点地，直腿迅速向上踢出，然后回落呈点地姿势。前、侧、后各方向都需要进行练习。队员也可跟随口令、节拍器或音乐的节奏进行练习。

（2）基本手位练习。

【动作方法】队员可根据口令、节拍器或音乐的节奏，按要求完成单个基本手位练习或手位组合练习，如加油—下H—短T—高V—低V等组合练习。

（3）两脚跳深练习。

【动作方法】队员站在体操凳上，两脚起跳，从体操凳或跳箱上跳下，接着快速跳上第二个跳箱，依此类推。（图4-120）

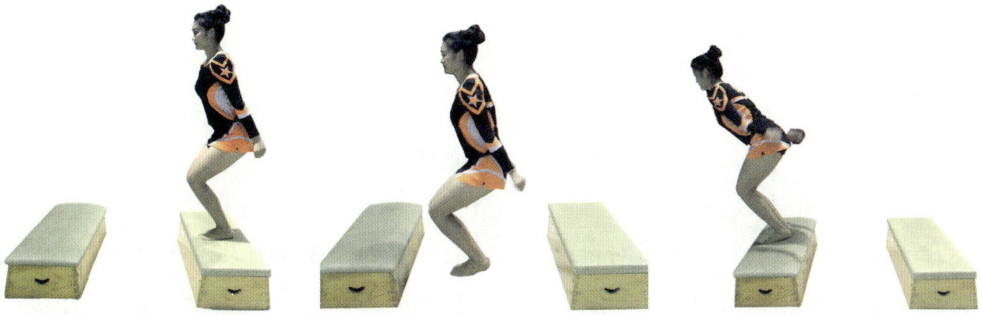

图4-120　两脚跳深练习

【延伸练习】单脚跳深练习：练习方法同上，只是采用单脚起跳。连续跳深练习：4～5条体操凳平行放置，中间间隔1米距离，队员站在第一条体操凳上，从体操凳上跳下接着跳到第二条体操凳上，依此类推。（图4-121）

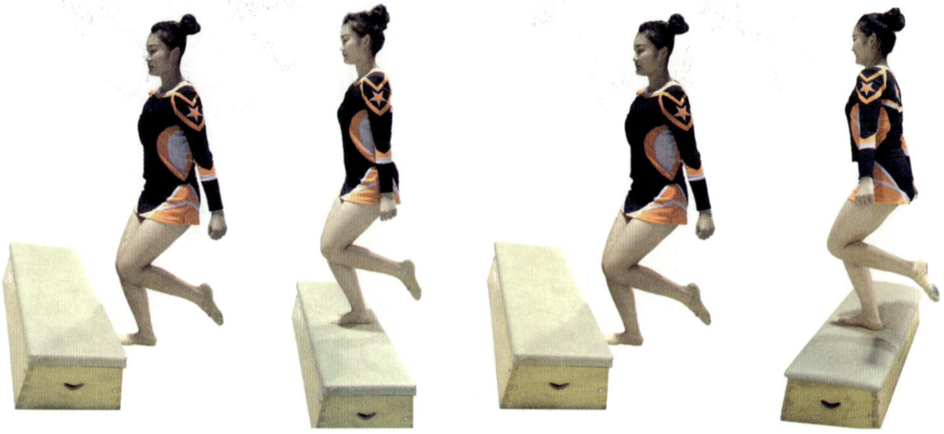

图4-121　单脚跳深练习

（4）跳的练习。

【动作方法】在厚海绵垫上进行直体跳。队员也可采用团身跳、分腿跳、劈叉跳等动作进行练习。（图4-122）

直体跳　　团身跳

图4-122　跳的练习

4. 灵敏素质训练

舞蹈啦啦操运动要求队员对自己的身体有较强的操控能力及迅速改变体位做动作的能力，这是队员灵敏素质的重要体现。技能训练、力量加技术训练或者单纯的技术训练都能有效地提高队员的灵敏素质。舞蹈啦啦操队员灵敏素质具体练习方法如下。

（1）软梯练习。

【动作方法】站在软梯格子的后端，依次小步跑过每个格子；也可以改变跑的方向，如向前、向后、向侧等方向的跑。

【延伸练习】进二退一：队员一步一格，向前跑两格，再向后退一格。交叉锁步（以左侧为例）：队员站在软梯右侧，迈左腿进第一格，右腿从前交叉迈入同一格，接着左腿迈入第二格，右腿从后迈入同一格，如此反复进行练习。分并练习：队员的两脚依次踩进第一格，然后依次向左右踩出格子，如此反复进行练习。

需注意的是，软梯练习能够培养队员的节奏感和灵活性。软梯也可用塑料绳、胶带等代替。

（2）半球移动练习。

【动作方法】队员站在半球上，随着辅助者的指令向任意方向迈步并收回。

【延伸练习】两脚跳上跳下练习：队员站在半球上，随着辅助者的指令进行两脚跳上跳下练习。单脚跳上跳下练习：队员单脚站在半球上，随着辅助者的指令进行单脚跳上跳下练习。（图4-123至图4-125）

图4-123　半球移动练习

图4-124　两脚跳上跳下练习

图4-125　单脚跳上跳下练习

5. 耐力素质训练

耐力素质是指人体持续工作的能力。舞蹈啦啦操比赛成套动作一般持续2min30s左右，表演套路一般持续3～5min，且节奏较快，不仅需要队员具备较强的耐力素质，而且需具备高质量完成跳、转、翻等动作的能力。舞蹈啦啦操队员通过提高耐力素质，可以保证高强度、大幅度、持续地进行舞蹈啦啦操的竞赛和表演。舞蹈啦啦操队员耐力素质练习的具体方法如下。

（1）跳绳练习。

【动作方法】计时练习，以单跳1min或50个为基数开始练习，逐渐延长时间及次数。练习方式有两脚轮跳、两脚齐跳或单脚跳等。

【延伸练习】双摇跳绳，俗称“双飞跳”，即脚跳起1次，摇绳过脚下2次。跳绳时队员需挺胸、收腹，稍屈膝，目视前下方；手腕外翻，以上臂带动前臂，前臂带动手腕转动摇绳；两手处于身高的中心点偏下位置，能将绳缩至最短，手腕的转动幅度小，提高了摇绳的稳定性。这样既省力，又加快了跳绳的速度。“双飞跳”对协调性、灵敏性及耐力素质有良好的促进作用。“双飞跳”的具体练习方法：从计次数开始，可以每次练习50～60个（脚跳起1次为1个）；逐渐过渡到计时，以1min为1组，每次练习5～6组；再过渡到计时加计次数。达标为2min跳180个以上。

（2）专项耐力素质训练。

从1/3成套动作开始练习，分段完成成套动作，连续完成2～3个成套动作，中间间隔50s～1min；逐渐增加分段练习的长度，如每人每次完成半个成套动作，直到每次完成完整的成套动作，连续完成2～3个成套动作是专项耐力素质训练经常采用的方法。

（三）舞蹈啦啦操专项基本动作训练

1. 花球舞蹈啦啦操基本动作训练

花球舞蹈啦啦操以花球为道具。花球舞蹈啦啦操队员可针对身体不同部位（如上肢、下肢和躯干等）的动作分别进行训练。

（1）上肢动作训练。

花球舞蹈啦啦操的上肢动作训练以冲击、摆动、绕环动作为主，包括三十六个基本手位动作，具有路线短、速度快、制动、韵律性强等特点。

【方法一】负重训练。以沙袋或小哑铃代替花球进行负重训练。[图4–126（a）]

（a）

图4–126 上肢动作训练

【方法二】定点控制训练。辅助者利用手臂或限制物提示队员的定点位置，帮助其进行控制训练；也可采用口令、音乐的节奏帮助队员进行定点控制练习，或在规定时间内完成较多数量的动作，让队员体会加速感。[图4–126（b）]

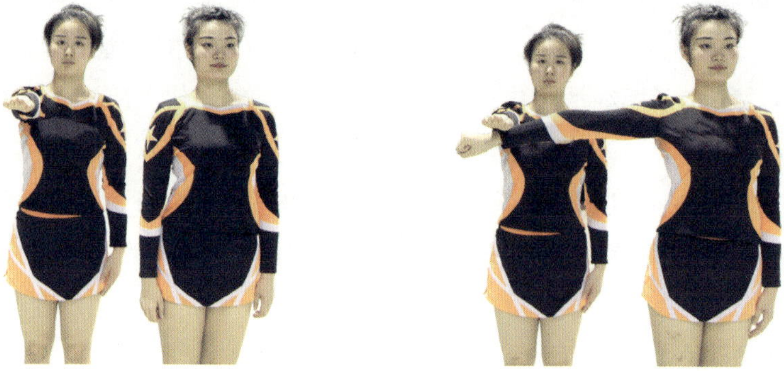

（b）

图4-126　上肢动作训练（续）

（2）下肢动作训练。

花球舞蹈啦啦操队员通过降低身体重心，保持身体在移动过程中的平衡来完成下肢动作。

【方法一】下肢起伏训练。站姿，两腿并拢、左右开立或前后开立均可，屈膝成半蹲，然后保持直立；逐渐加大动作幅度，如屈膝成深蹲。此方法主要针对膝关节进行屈伸训练。

【方法二】平稳移动训练。由并腿直立开始，向前、向侧、向后迅速迈步并屈膝下蹲，保持身体重心在一定高度的状态下向各个方向移动。

【方法三】快速移动训练。其动作方法同方法二。此练习强调移动的速度，在规定的区域内做快速移动训练，形似折返跑。

（3）躯干动作训练。

由分腿直立开始，躯干向前做前屈—还原、后屈—还原，以及髋关节侧转的前屈、后屈动作。

（4）基本手位动作组合训练。

本组合包括四小节动作，每小节动作共4个八拍。

预备姿势：身体保持直立，两腿并拢，手臂放于体侧。

第一小节：H、T、K手位。

第1个八拍：

步伐：1～2拍，右脚向正前方迈一步成右弓步；3～4拍，收回；5～8拍的动作同1～4拍的动作，但方向相反。

手位：上H+屈臂H+下H。

第2个八拍：

步伐：1～6拍，右脚、左脚依次贴着地面跳开，两脚开立与肩同宽；7～8

拍，两脚向中间并拢。

手位：上H+小H；

第3个八拍：

步伐：1～7拍，右脚向右迈一步，两脚开立与肩同宽；8拍，左脚向右脚并拢。

手位：T+短T。

第4个八拍：

步伐：1～2拍，右脚向右迈一步，两脚开立与肩同宽；3～4拍，身体向右转体90°；5～6拍，身体向左转体90°；7～8拍，两脚并拢，还原成直立姿势。

手位：K+侧K。

第二小节：V、A、X手位。

第1个八拍：

步伐：1～8拍，右脚开始，两脚依次原地踏步8次。

手位：高V+低V。

第2个八拍：

步伐：1～2拍，立踵；3～4拍，落地；5～8拍的动作同1～4拍的动作。

手位：上A+下A。

第3个八拍：

步伐：1～4拍，右脚踏步右转180°；5～8拍，左脚踏步左转180°。

手位：高X+屈臂X+低X。

第4个八拍：

步伐：1～6拍，右脚向后撤一步，左腿单膝跪地；7～8拍，还原成直立姿势。

手位：前X+X。

第三小节：M、O、R、L、W、加油手位。

第1个八拍：

步伐：1～2拍，右脚向右侧迈开成分腿蹲；3～4拍，两脚立踵成分腿立；5～6拍的动作同1～2拍的动作；7～8拍，左脚向右脚并拢，还原成直立姿势。

手位：后M+O。

第2个八拍：

步伐：1～2拍，右脚向右迈一步，两脚开立与肩同宽；3～4拍，两脚并拢；5～6拍，左脚向左迈一步，两脚开立与肩同宽；7～8拍，两脚并拢，还原成直立姿势。

手位：上M+R+下M。

第3个八拍：

步伐：1～2拍，右脚向右迈一步，两脚开立与肩同宽；3～4拍，两脚并拢，还原成直立姿势；5～8拍的动作同1～4拍的动作，但方向相反。

手位：上L+下L。

第4个八拍：

步伐：1～2拍，右脚向右迈一步，两脚开立成右弓步；3～4拍，向左转体90°，两脚开立与肩同宽；5～8拍，右脚开始依次踏步4次。

手位：W+加油。

第四小节：冲拳、弓箭、小弓箭、短剑、斜线手位。

第1个八拍：

步伐：1～8拍，两脚开立与肩同宽。

手位：高冲拳+斜下冲拳+侧上冲拳。

第2个八拍：

步伐：1～8拍，两脚开立与肩同宽。

手位：斜上冲拳+侧下冲拳。

第3个八拍：

步伐：1～2拍，右脚向右侧点地，然后还原成直立姿势；3～4拍，左脚向左侧点地，然后还原成直立姿势；5～8拍，右脚开始依次踏步4次。

手位：斜线+短剑。

第4个八拍：

步伐：1～4拍，两脚并拢，保持直立姿势；5拍，两脚开立与肩同宽；6拍，成右弓步；7拍，两脚开立与肩同宽；8拍，两脚并拢，还原成直立姿势。

手位：弓箭+小弓箭。

2. 爵士舞蹈啦啦操基本动作训练

爵士舞蹈啦啦操是一种急促、动感、富有韵律性的啦啦操形式，包括百老汇爵士、古典爵士、拉丁爵士、抒情爵士、芭蕾爵士等，目前竞赛及表演均以芭蕾爵士为主。

（1）上下弯曲手臂（Up Down Bend）。

【动作方法】两脚开立，略比肩宽；开掌，指尖发力；吸气，两手臂向上背部伸展；吐气，躯干向左转，右手放于左腹，左手背后，然后反向完成动作。

（2）波浪（Wave）。

【动作方法】两脚开立与肩同宽，从头部开始带动腰部向身体一侧做从上到下、从下到上、从左到右和从右到左的波浪。

（3）转体（Turn）。

【动作方法】两腿成右弓步或屈膝成半蹲，左臂前举，右臂侧平举，左脚蹬地向前移重心，以右腿为主力腿，向左转体360°，同时两臂胸前平屈。

（4）爵士步（Jazz Walk）。

【动作方法】以爵士舞的风格走路，要保持髋和手臂的摆动。

（5）旋转（Roll）。

【动作方法】两脚开立与肩同宽，两臂自然下垂，旋转的部位包括肩部、胸部和髋部。身体绕垂直轴做顺时针或逆时针方向的绕环，也可分别做肩部、胸部和髋部的旋转练习，还可3个部位同时练习。

3. 街舞舞蹈啦啦操基本动作训练

街舞舞蹈啦啦操是融合了街舞风格的啦啦操，由各种Hip-Hop的基本动作组合而成。

（1）街舞的身体律动。

①Up-down：膝关节上下弹动并配合胸部的前后律动动作。需注意的是，练习时要跟随音乐的节奏去变化身体的弹动（Bounce）。

②Rock：胸腰前后摆动。需注意的是，练习时要跟随音乐的节奏去变化身体摇滚的律动。

③Bounce：膝关节上下弹动、脚部提踵弹动的基础律动动作。需注意的是，练习时要跟随音乐的节奏变化膝关节及脚部的弹动。

（2）分离技术。

分离技术（Isolation），即头、肩、胸、髋等部位的分离动作，如头、肩、胸、髋绕环、前后动等动作。

街舞舞蹈啦啦操基本动作具体练习方法如下。

①头部练习。

【动作方法】

预备姿势：身体保持直立，两脚开立稍宽于肩，两手叉腰。

第1个八拍：1拍，头部前点；2拍，头部回正；3～4拍，抬头—回正；5～6拍，头左倾—回正；7～8拍，头右倾—回正。

第2个八拍：1～2拍，头左转—回正；3～4拍，头右转—回正；5～8拍的动作同1～4拍的动作。

第3个八拍：1～2拍，头由前向右绕至右倾；3～4拍，头由右前向左绕至左倾；5～8拍，头由前绕环一周半至右倾。

第4个八拍：动作同第3个八拍，但方向相反。

第5个八拍：1～2拍，头颈前伸—回正；3～4拍，头颈后伸—回正；5～6拍，头颈左伸—回正；7～8拍，头颈右伸—回正。

第6个八拍：1～2拍，头颈前伸—后伸；3～4拍的动作同1～2拍的动作；5～6拍，头颈左伸—右伸；7～8拍的动作同5～6拍的动作。

第7个八拍：1～2拍，头由前伸向左绕至中位；3～4拍，头由前伸向右绕至中位；5～8拍，头由前—左—后—右—前回中位。

第8个八拍：动作同第7个八拍，但方向相反。

②肩部练习。

【动作方法】

预备姿势：身体保持直立，两脚开立稍宽于肩，两臂体侧下垂。

第1个八拍：1～2拍，左肩上提—放下；3～4拍，右肩上提—放下；5～6拍，耸双肩—放下；7～8拍的动作同5～6拍的动作。

第2个八拍：1～2拍，左肩向前绕半圈—放下；3～4拍，左肩向后绕半圈—放下；5～8拍的动作同1～4拍的动作，但方向相反。

第3个八拍：1～2拍，左肩内收—回正；3～4拍，右肩内收—回正；5～6拍，左肩外展—回正；7～8拍，右肩外展—回正。

第4个八拍：1～2拍，两肩轮流向前绕环—回正；3～4拍的动作同1～2拍的动作；5～6拍，两肩轮流向后绕环—回正；7～8拍的动作同5～6拍的动作。

③肩胸练习。

【动作方法】

预备姿势：身体保持直立，两脚开立稍宽于肩，两臂屈于腰际。

第1个八拍：1～2拍，肩胸向左顶—回正；3～4拍，肩胸向右顶—回正；5～8拍，肩胸向左顶—右顶—左顶—右顶—回正。

第2个八拍：1～2拍，向前挺胸—回正；3～4拍，向内含胸—回正；5～8拍，胸部前挺—内含—前挺—内含。

第3个八拍：1～4拍，胸部沿前—左—后—右绕环；5～8拍，胸部沿前—右—后—左做反向绕环。

第4个八拍：1～4拍，胸部沿后—左—前—右绕环；5～8拍，胸部沿后—右—前—左做反向绕环。

第5个八拍：1拍，向前振胸—回正；2～4拍，重复向前振胸，一拍一动；5拍，向后振胸—回正；6～8拍，重复向后振胸，一拍一动。

第6个八拍：1～2拍，向前振胸3次；3～4拍的动作同1～2拍的动作；5～6拍，向后振胸3次；7～8拍的动作同5～6拍的动作。

第7个八拍：1～2拍，向后翻肩做幅度很小的胸波浪；3～4拍的动作同1～2拍的动作；5～6拍，向内含胸做幅度很小的胸波浪；7～8拍的动作同5～6拍的动作。

第8个八拍：1～2拍，由肩带胸向前—侧—后—侧绕环；3～4拍的动作同1～2拍的动作；5～8拍的动作，同1～4拍的动作。

④髋部练习。

【动作方法】

预备姿势：身体保持直立，两脚开立稍宽于肩，两臂自然下垂。

第1个八拍：1～2拍，向左顶髋—回正；3～4拍，向右顶髋—回正；5～8拍，向左顶髋—向右顶髋—向左顶髋—向右顶髋。

第2个八拍：1～2拍，向前顶髋—回正；3～4拍，向后顶髋—回正；5～8拍，向前顶髋—向后顶髋—向前顶髋—向后顶髋。

第3个八拍：1～4拍，髋部沿前—左—后—右绕环；5～8拍，髋部沿前—右—后—左绕环。

第4个八拍：1～4拍，髋部沿后—左—前—右绕环；5～8拍，髋部沿后—右—前—左绕环。

第5个八拍：1拍，向前摆髋—回正，2～4拍，重复向前摆髋，一拍一动；5拍，向后摆髋—回正；6～8拍，重复向后摆髋，一拍一动。

第6个八拍：1～2拍，向前—向后—向前摆髋3次；3～4拍的动作同1～2拍的动作；5～6拍，向后—向前—向后摆髋3次；7～8拍的动作同5～6拍的动作。

第7个八拍：1～2拍，身体由下至上做前波浪；3～4拍，身体由上至下做前波浪；5～8拍的动作，同1～4拍的动作。

第8个八拍：1～2拍，身体由下至上做侧波浪；3～4拍，身体由上至下做侧波浪；5～8拍的动作同1～4拍的动作，但方向相反。

（3）基本步法。

① Skate。

【动作方法】

步伐同Step-Touch，即侧并步。左脚向左侧滑出，右脚并拢左脚，两脚交替进行。练习时需注意，当用脚跟滑行时，要有滑冰的感觉，上下肢要协调配合。

② Running Man。

【动作方法】

预备姿势：身体保持直立。1拍，吸左脚落地的同时右脚向后滑行；2拍，吸右脚落地的同时左脚向后滑行。3～8拍重复1～2拍的动作。练习时需注意身体的弹动。

二、舞蹈啦啦操技术技巧动作训练

随着舞蹈啦啦操技术的快速发展及训练手段的不断更新，技术技巧动作不断得到创新。尽管技术技巧动作复杂多样，但每一类技术技巧动作有着从基本技术到高难技术的发展过程，技术技巧动作之间的关系非常密切，在形式上以核心基本动作为起点，呈现递进、交叉、放射承接状的链状结构，从而形成具有一定发展规律的技术链，运用技术链可以将舞蹈啦啦操动作中的技术技巧动作联系起来，为训练提供了方法学上的启示。

技术技巧动作根据完成动作时参与运动的关节、肌肉的数量，动作的复杂性、多样性，以及完成动作的难度系数和质量等，由低到高可以分为低难度动作、中等难度动作和高难度动作。高难度动作必然是以低难度动作为基础发展而来的，同时低难度动作为练习高难度动作进行了技能上的储备，通过体能和技能上的储备促进由基本技术向高难技术的正向迁移。

单个技术动作的完成基本可以分为准备阶段、主要阶段和完成阶段。在各个阶段，由最基本的技术动作开始，对动作结构、时间、空间及节奏加以改变，从而改变技术动作的多个要素，如身体姿势、关节角度、位移、运动速度及加速度、时间、用力方向及大小、技术环节的顺序、肌群的参与数量与协同配合等。这些要素在基本动作基础上的合理匹配，促进了新的难度动作链状形式的发展与创新。技术链的起点便从这些核心基本动作开始。从起点出发，基本上从以下两个方向继续拓展，一是同类的难度动作组别内部向高难的方向发展，二是通过与其他组别的难度进行动作嫁接、组合，向新的组合难度方向发展。舞蹈啦啦操技术技巧动作的技术特征可以分为四大“技术链”，依次是转体类、跳步类、翻腾类、柔韧与平衡类。此外，街舞舞蹈啦啦操的技术技巧动作有别于花球舞蹈啦啦操和爵士舞蹈啦啦操，因此将其专门划分为一类。

舞蹈啦啦操的技术技巧动作内容繁多，本章在各类技术技巧动作中选取常用及最具有代表性的动作进行举例说明。

（一）转体类动作训练

动作稳定性是转体类动作的基本要求，转体的角度、准确性、圈数是衡量舞蹈啦啦操转体类技术技巧动作的基本要素。转体中的稳定性是动态稳定性，是指队员在完成转体类动作过程中既能够抵制干扰又不跌倒的一种能力，或者是指既不改变原来或预期的支撑面，又能保持身体直立姿势的一种能力。从力学角度出发，动态稳定性仍然是人体质心（即跳水动作术语，是指队员蹬离支撑面瞬间的动作过程）与支撑面之间的关系问题。例如，在完成挥鞭转动作的过程中，当动力腿离开地面时，支撑面就移到主力腿上，此时人体质心的投影落在支撑面上，且在转体的过程中，人体质心始终投影在支撑面上。压心中心（Center of Pressure，COP），即相对支撑面的位移来衡量人体静态站立时稳定性的大小。压心位移越小，稳定性越高，反之亦然。因此，转体类动作的训练目的：一是练习支撑；二是练习力量；三是维持手臂、躯干的平衡；四是练习找参照物。

1. 转体类动作专项基础训练

（1）半脚尖立训练。

半脚尖立是转体类动作的根本，把脚尖立到最大限度的目的包括两点：一是减少与地面接触面从而减小转体阻力，使队员能用最小的力旋转更多的圈数；二是在讲究审美的舞蹈啦啦操项目中减小用力能给人以轻松感和自如感，以及一气呵成的舒适感。半脚尖立常采用的训练方法有正向及侧向扶把杆半脚尖立、双脚立、单脚立，以及行进间的脚尖步。

（2）蹲的训练。

由蹲到立是转体的起范儿。蹲在转体中非常重要，只有把蹲做好，才能更好的立。通常采用芭蕾把杆练习一位蹲、二位蹲、四位蹲等各种脚位蹲，采用侧向扶把杆练习单脚蹲也是非常有效的方法。

（3）留头甩头训练。

当队员以躯干为垂直轴做转体时，用眼睛盯住前方的一点不动，整个身体先转，眼睛继续盯着一点，直到整个头部与身体的分离达到最大限度；当身体要进行第二圈旋转之前的那一瞬间，将头和眼睛快速甩过去，并且要快于整个身体，然后继续盯着同一点。

（4）转体动作的姿态训练。

开和直是转体的两个重要因素。首先，无论是转体起范儿时，还是在转体过程中，都要求踝关节、膝关节、髋关节（从下而上）具有一定的开度，如果开度不够，即使能转，那么美观性也会大打折扣。其次，脚背、膝关节、腰背都要伸直，直立的腰背是身体动作平衡的保证，是身体稳定性的前提，否则不仅转的力会被分散，也失去了挺拔苍劲的美感。最后，手臂在转体过程中起到维持平衡和加速的作用。转体时手臂只有顺着转体动势的变化而变化，才能使转体动作既美观又稳定。

2. 转体难度范例

（1）单足立转360º。

单足立转360º是转体类技术技巧的标志性动作，可以与任何旋转动作衔接形成难度较高的复合型转体类技术技巧。

【动作方法】准备姿势：半蹲，主力腿在前，动力腿在后；一臂前平举，另一臂侧平举。启动时两腿蹬地，动力腿上吸，主力腿起踵，手臂带力。

【技术要点】主力脚要立到最高，靠动力腿外开保持转圈的动力。转体时注意留头甩头。

【辅助练习】侧向扶把杆站立，先由蹲到吸腿立（不转体），然后进行单手扶把杆的单足转体180°及单足转体360°练习。

【易犯错误】启动时不下蹲蹬起，不留头甩头，扣髋，身体中段松懈，动力腿上限未到膝盖，以及主力腿立踵高度不够。

【纠正方法】当进行把杆辅助练习时，下蹲要到位，注意主力脚立踵要保持一定的高度；当练习转体动作时，注意腰腹要收紧，保持一定的紧张度。

（2）平转。

平转是所有旋转类动作的基础，目的是锻炼躯干在旋转过程中的平衡性。

【动作方法】侧向半脚尖站立，身体保持直立，中段收紧，头部朝向转体的方向；半脚尖上步转体180°，留头甩头，上步继续转体180°。

【技术要点】两脚始终在一条直线上，身体收紧，头部要定点，始终对着转体的方向。

【辅助练习】先进行半周转体练习，逐步过渡至一周甚至连续多周转体练习。

【易犯错误】头部没有定点，留头甩头不顺畅，半脚尖高低不平，重心不稳，身体中段松懈。

【纠正方法】帮助队员在前进的方向寻找一个点，注意要留头甩头。

（3）挥鞭转。

挥鞭转是转体类技术技巧中难度较高的动作。

【动作方法】启动时两脚四位蹲，主力脚在前，动力脚在后，蹲—立后反身转体，动力腿画圈至旁腿收并吸腿，转一圈后回到起始姿势；两臂随腿与身体的旋转打开—收拢。

【技术要点】主力腿下压支撑与直立向上顶起，身体核心部位向内控制收紧、动力腿主动摆动与制动，留头甩头与方向控制，手臂配合身体旋转打开—收拢。

【辅助练习】轻扶把杆练习蹲—立与摆腿的配合，以及动力腿划腿至吸腿的动作。

【易犯错误】主力腿下蹲的角度掌握不好，不会用动力腿带动身体转体，动力腿吸腿的时机过早或过晚，扣髋，留头甩头不顺，动作无定点。

【纠正方法】轻扶把杆专门练习蹲—立，进一步练习动力腿的摆腿与立踵，注意开腿的时机及动力腿始终保持在同一水平面上，减少转体周数。

（4）阿拉C杠。

阿拉C杠也是转体类技术技巧中难度较高的动作，在高水平舞蹈啦啦操成套动作中运用非常广泛。

【动作方法】启动时两脚四位蹲，主力脚在前，动力脚在后，蹲—立后反身转动，动力腿画圈至旁开腿，旋转一周后回到起始姿势，两臂随腿与身体的转动打开—收拢。

【技术要点】主力腿下压支撑与直立向上顶起，身体核心部位向内控制收紧，动力腿主动摆动与制动，留头甩头与方向控制，手臂配合旋转打开—收拢。

【辅助练习】轻扶把杆练习蹲—立与摆腿的配合，动力腿向外摆动至旁开。

【易犯错误】主力腿下蹲的角度不够，不会用动力腿带动身体转体，动力腿开腿的时机过早或过晚，留头甩头不顺，动作无定点。

【纠正方法】轻扶把杆专门练习蹲—立，进一步练习动力腿的摆腿与立踵，注意开腿的时机及动力腿始终保持在同一水平面上，减少转体周数。

（5）行进间巴塞转。

【动作方法】动力腿向转体方向画圈，重心跟上，交换主力腿与动力腿，动力腿吸腿至主力腿膝关节处，转体360°。

【技术要点】当主力腿画圈时要始终保持在一条直线上，动力腿外开，保持身体重心的平衡。

【辅助练习】上步吸腿练习，行进间平转练习。

【易犯错误】每完成一个转体动作之后，主力腿不能回到原来的直线上，不留头转头，身体重心起伏过大。

【纠正方法】进行定点留头甩头练习和立踵—蹬地—立练习。

（6）抱（控）腿转体。

【动作方法】主力腿上前一步或原地站立，转移重心，立踵，动力腿上踢，两手抱住脚踝，转体360°。

【技术要点】重心稳定，踢腿方向正确。

【辅助练习】抱腿控平衡练习；单手轻扶把杆由踢转180°，逐渐过渡到踢转360°练习。

【易犯错误】前腿不正，内摆成侧腿，主力腿弯曲，躯干前倾。

【纠正方法】轻扶把杆进行踢抱腿练习，强调踢腿方向，不要急于求成。

（二）跳步类动作训练

1. 基础动作训练

（1）小跳。

小跳主要训练踝关节与膝关节的灵活性，掌握舞蹈啦啦操中跳跃的方式，为后续完成中跳、大跳奠定坚实的基础。

【动作方法】一位脚站立，两膝弯曲外开，小蹲，踝关节推地；空中膝关节、脚背保持绷直；落地时踝关节与膝关节需控制。

【技术要点】身体保持紧直，脚离地时迅速绷紧下肢与躯干。

【辅助练习】蹲—立练习。

【易犯错误】弹跳时踝关节收紧，扣髋、关膝。

【纠正方法】轻扶把杆进行蹲—立练习和身体基本姿态练习。

（2）换位跳。

换位跳主要训练肢体在空中的控制能力，在空中有限的时间内可以做出各种变化，为后续完成高难度动作奠定坚实的基础。

【动作方法】一位脚站立，两膝弯曲外开，小蹲，踝关节推地；空中膝关节、脚背保持绷直；落地时踝关节与膝关节需控制，落地成二位脚，再次跳起后落地成一位脚。

【技术要点】身体保持紧直，脚离地时迅速绷紧下肢与躯干。

【辅助练习】蹲—立练习。

【易犯错误】踝关节收紧弹跳，膝关节内扣。

【纠正方法】轻扶把杆进行蹲—立练习和身体基本姿态练习。

2. 跳步动作训练范例

（1）原地大跳。

原地大跳包括屈体分腿跳、纵劈腿跳、跨栏跳、并腿跳等。

【动作方法】垂直起跳（可加或不加上步），迅速踢抬两腿，空中姿态可为屈体分腿、屈体并腿、跨栏、纵劈叉等，落地时两脚并拢。

【技术要点】腿部用力蹬伸并向上踢出，手臂用力向上带动身体，身体核心部位收紧。

【辅助练习】辅助者站在队员的后方，两手托队员腰部，当队员起跳时顺势向上方给其助力，帮助队员体会空中姿态。

【易犯错误】起跳不充分，两腿未完成空中姿态，身体松懈，姿态不优美。

【纠正方法】加强柔韧素质及力量素质练习，强调躯干控制技术，提示下肢姿态控制要求。

（2）结环跳。

结环跳在舞蹈啦啦操中运用广泛，根据腿部姿势的不同可分为劈叉跳结环跳、西松跳结环跳（C跳）和鹿跳结环跳。通常劈叉跳结环跳采用助跑的单腿起跳形式，西松跳结环跳和鹿跳结环跳采用原地上步的起跳形式。

【动作方法】用力蹬地，起跳后两腿尽力前后打开，后腿弯曲的同时抬头，身体向后呈弧形，腿部与头部结成环形，两臂用力向上摆动，主动落地缓冲。

【技术要点】后腿用力上踢，鹿跳结环跳时前腿弯曲小于90°。

【辅助练习】轻扶把杆踢后腿至结环跳练习，体会空中腿部发力的感觉及身体向后的感觉；原地纵劈腿跳练习。

【易犯错误】后腿高度不够，未结成环形，落地松弛。

【纠正方法】增强髋部、腰部柔韧素质，强调前后腿技术的准确发力，提示身体姿态控制要求；加强身体核心部位控制练习。

（3）跳转。

跳转属于跳步加空中转体类的技术技巧，可与各种空中姿势结合完成，如纵跳转体、分腿跳转体等。在空中完成180°转体为初级阶段，可逐步增加转体度数。

【动作方法】五位手位，半脚尖立；六位手位，经过半蹲，留头，两腿蹬地收紧旋转360°，甩头回正，落地手位收至五位。

【技术要点】空中留头甩头，身体核心部位收紧。

【辅助练习】可先进行转体90°练习，体会空中身体收紧与留头甩头，可逐步增加转体度数。

【易犯错误】躯干与下肢脱节，身体中段松懈，空中身体倾斜。

【纠正方法】加强身体控制练习，如腰背肌力量训练，纵跳、小跳练习等。

（4）大跨跳。

大跨跳，即行进间纵劈腿跳。

【动作方法】单腿起跳前跃，空中两腿成纵劈叉姿势，上体保持正直，前脚落地。

【技术要点】启动腿向上、向远踢伸，同时后腿用力向上踢；手臂顺势摆动；身体核心部位收紧，落地缓冲。

【辅助练习】上步单腿小跳练习，可逐步增加动作幅度；在同伴的协助下完成原地劈叉跳，体会中开腿的感觉。

【易犯错误】无明显腾空过程，空中屈膝、勾脚，下肢无控制。

【纠正方法】轻扶把杆练习踢后腿，体会腿部用力及腰背肌用力的感觉，身体姿态需控制。

（5）交换腿跳。

交换腿跳又称“撕叉跳”，即踢腿向前起跳—交换腿—劈叉腿，两腿开度180°。

【动作方法】单腿起跳前跃，动力腿向前摆动并制动，迅速向后踢，主力腿由后腿向前踢，空中完成前后腿交换动作，成纵劈叉姿态；手臂顺势用力摆动，上体保持正直，前脚落地。

【技术要点】动力腿有控制地前摆后再迅速后摆，主力腿由后向前踢，落地缓冲，身体核心部位收紧。

【辅助练习】交换腿小跳练习，可逐步增加动作幅度；摆动交换腿小跳练习和蹬摆+交换腿小跳练习，体会空中交换腿动作。

【易犯错误】起跳时，两腿蹬地无力，导致腾空无高度，不能保证在空中有充分的时间交换腿；身体松弛，动力腿无控制、无速度，无法完成交换；上体过分前压，前腿踢不高，落地缺乏缓冲。

【纠正方法】加强腿部柔韧性练习及腿部、核心部位的力量素质练习；进行小踢摆交换腿练习；设置标志物，加强自身控制感觉；加强身体姿态控制练习。

（6）反身跨跳。

根据空中姿态不同，反身跨跳可分为反身纵劈腿跳和反身横劈腿跳。

【动作方法】以左腿跨跳为例，平转3/4周后，左腿前摆继续转体，右腿迅速蹬地起跳，边转边跳，空中两腿成纵劈腿姿态。反身横劈腿跳为两腿在空中成横劈腿姿态。身体直立，左脚缓冲落地，完成转体360°。

【技术要点】转体与跳跃连续完成，即边转边跳；前腿上踢的同时后腿用力上踢，两腿开度180°及以上；落地时，前脚掌着地、屈膝缓冲，后腿需控制。

【辅助练习】上步及起跳练习，小幅度跳转练习，绕圈连续小反身跳练习。

【易犯错误】上步错误，无法起跳转身；身体重心前压，腿抬不起来；转体、起跳脱节，蹬地腿无力，无明显腾空动作，腿的开度不够、姿态不优美；落地无缓冲。

【纠正方法】加强腿部柔韧性练习及腿部、核心部位的力量素质练习；设置标志物，提示转体时机及转体方向；加强身体姿态控制练习。

（三）翻腾类动作训练

翻腾类动作是指由地面开始并于地面结束的技术动作，分为滚翻类、软翻类、手翻类和空翻类动作。在舞蹈啦啦操中，翻腾类动作虽然不是最核心的技术动作，但是有条件地运用翻腾类动作可以丰富成套动作的内容，同时增加动作的空间变化，提升视觉冲击力和观赏性。

1. 滚翻类动作

滚翻类动作是指躯干着地，经过臀部高于头部的翻转类动作。花球舞蹈啦啦操中滚翻类动作是指手持花球完成的滚翻类动作。根据滚动方向的不同，翻滚类动作可分为前滚翻、后滚翻和侧滚翻。滚翻类动作的要领是收腹含胸，身体团紧。

滚翻类动作的主要教学步骤如下：

① 学习团身，使队员形成收腹含胸、身体团紧的动作概念（意识）；原地向前（侧、后）滚动练习。

② 利用斜坡（从上往下、从下往上）体会滚动的感觉，形成完整的动作概念。

③ 在同伴的帮助下完成滚翻动作。

④ 独立完成滚翻动作。

常用的滚翻类动作有：前滚翻及其变形（前滚翻成分腿坐，前滚翻成劈叉）、后滚翻及其变形（后滚翻直腿起）、单肩后滚翻和后滚翻挺身下（单腿、双腿）。下面着重介绍前滚翻、单肩后滚翻和后滚翻挺身下。

（1）前滚翻。

【动作方法】蹲撑开始，重心前移，两腿蹬地，同时屈臂、低头含胸、提臀、身体团紧，后脑勺、肩、背、臀依次接触地面向前滚动，当背部接触地面时迅速屈膝，同时两手抱腿起上身，由蹲至立。

【技术要点】手臂支撑稳定，脚主动蹬地，身体团紧。

【辅助练习】团紧身体做类似皮球滚动的练习，仰卧团身滚动—起立练习和在同伴的帮助下做斜板滚动练习。

【易犯错误】手臂没有起到支撑和保护头颈的作用；出现腾空、倒立的状态；脚不蹬地、团身不紧、全身松散等导致翻不过来。

【纠正方法】在地面或斜面做滚动辅助练习，体会团身和头颈、肩、背、臀依次接触地面的感觉；在同伴的帮助下做斜板滚动练习。

（2）单肩后滚翻。

【动作方法】以经右肩滚动为例。坐姿开始，后倒上体，同时两腿向上兜盖，肩触地时头颈向左侧屈，左臂伸直打开，右臂肩上支撑，经过右肩翻腾；腿经倒立时前后打开，两腿依次落地。

【技术要点】收腹举腿有力，头侧屈，经单肩上滚动。

【辅助练习】后滚翻练习，体会向后的滚动动作；仰卧练习头侧屈及撑臂的动作；在同伴的帮助下进行慢动作练习，前半段帮队员侧头、撑手，后半段帮队员打开两腿。

【易犯错误】翻滚速度不够；头未侧屈，头侧屈方向与支撑臂方向冲突；倒立过程未分腿，姿态不优美；动作缺乏韵律感。

【纠正方法】语言提示头侧屈与手臂支撑方向；进行仰卧头侧屈及撑臂练习；在同伴的帮助下重点练习头部及手臂动作，体会腿的打开动作。

（3）后滚翻挺身下。

【动作方法】以经右肩滚动为例。坐姿开始，后倒上体，同时两腿向上兜盖，肩触地时头颈向左侧屈，左臂伸直打开，右臂肩上支撑，经过右肩翻腾；腿经倒立时展髋，两腿并拢，身体经腹部、腿依次落地。

【技术要点】倒立位置时展髋，头侧屈，经单肩上滚动。

【辅助练习】肩肘倒立，侧倒头，撑手，同伴拎着队员的腿，让其体会展髋动作，然后轻放使其腿部依次着垫。在同伴的帮助下完成练习，在肩倒立位置挡手，让队员体会展髋的位置与时机。

【易犯错误】不展髋，展髋过早或过晚，时机不当；身体歪斜，展髋方向不对。

【纠正方法】教练员通过语言或信号提示队员展髋时机；同伴帮助队员用慢动作体会展髋方向；在翻腾过程中教练员通过手臂挡等形式提示队员展髋；同伴拎腿（提拉小腿），帮助队员体会展髋动作。

2. 软翻类动作

软翻类动作是指没有腾空且臀部高于头部的支撑类翻转动作。需注意的是，在花球舞蹈啦啦操中，软翻类动作的支撑手臂是不允许持花球的。软翻类动作包括前软翻和后软翻。

（1）前软翻。

【动作方法】两腿前后分立，上步屈膝降重心，两手伸出撑地；同时动力腿向后踢出，主力腿蹬腿至纵劈叉倒立姿势；顶肩，动力腿下落撑地，身体呈单腿桥姿势；移重心至主力腿上，推手挑腰起身，还原成直立姿势。

【技术要点】两手撑地后，重心前移，顶肩；蹬摆有力，主力腿尽量靠近手；起身时，顶髋挑腰。

【辅助练习】分段练习，分别练习纵分腿倒立至下桥练习，以及桥推起练习；在同伴的帮助下完成练习；前点后翻练习。

【易犯错误】冲肩、落脚远；动作开始时不抬头顶肩，身体不呈拱形，依靠惯性落地；起身时着急低头屈髋，两手没有夹头起身，重心不稳。

【纠正方法】加强肩、胸、腰等部位的柔韧性练习；通过辅助练习，进一步体会动作过程；通过动作分解练习，着重练习分腿倒立、落脚及顶肩、顶髋、挑腰动作；加强身体姿态练习。

（2）后软翻。

【动作方法】两脚前后分立，身体重心落在后腿，动力（前）腿可点也可控；抬头，在两臂的带动下向后弯腰下桥，同时动力腿向上踢摆（前腿主动上举），主力腿蹬离地面，成纵劈腿倒立；动力（前）腿和主力（后）腿依次落地，回到直立状态。

【辅助练习】下桥练习，下桥后向后蹬地成倒立姿势；前点后翻练习，同伴托队员的腰部并帮助其摆腿后翻。

【易犯错误】下桥时手脚的距离太远；不顶腰髋，桥塌陷；动作开始时不主动抬头；主力腿蹬地时重心没有及时转换到手臂支撑上。

【纠正方法】加强肩、胸、腰等部位的柔韧性练习；通过辅助练习，进一步体会动作过程；加强动作分解练习，着重练习下落成桥、举腿蹬地、分腿倒立、挑腰动作；加强身体姿态练习。

3. 手翻类动作

手翻类动作是指有腾空的臀部（臀部腾空的高度）高于头的支撑类翻转动作。需注意的是，在花球舞蹈啦啦操中，手翻类动作的支撑手臂是不允许持花球的。舞蹈啦啦操常用的手翻类动作有侧手翻、单臂侧手翻和前手翻。

（1）侧手翻。

【动作方法】站立开始，主力腿屈膝，双臂向前下方伸出；转体90°后两手依次撑地，下压上身，两腿蹬摆至分腿倒立，两手依次推离地面；两腿依次落地，屈膝缓冲，回到起始姿势。

【技术要点】主力腿屈膝，上体下压，手臂向远伸，支撑有力；倒立姿势保持展髋；两脚依次落地，两手依次离地，动作连贯且有节奏。

【辅助练习】分腿倒立，侧落；同伴站在队员的侧面，手托队员腰部，帮助其翻转。

【易犯错误】扫腿（蹬摆未经倒立）、扣（屈）髋，身体不在同一水平面上；不摆腿或摆腿不完整，动作节奏掌握不好。

【纠正方法】加强限制性练习，靠墙或者运用道具限制队员的身体运动；在同伴的帮助下体会动作；同伴在队员保持倒立姿势时给予助力，帮助其加速摆腿（翻转）练习。

（2）单臂侧手翻。

【动作方法】单臂侧手翻的翻转过程与侧手翻一致，只是在支撑状态时用单臂（可用近侧手臂，也可用远侧手臂）支撑，另一臂屈肘放于腰际。

【技术要点】单臂支撑有力；主力腿屈膝，摆动（两腿蹬摆）时有力；倒立时保持展髋，身体直立呈一条直线。

【辅助练习】加强靠墙单腿分腿倒立、侧落练习；同伴站在队员的侧面，手托队员腰部，帮助其翻转。

【易犯错误】屈臂支撑；缺乏翻转动力；扣（屈）髋、扫腿（蹬摆未经倒立），身体不在同一水平面上；不摆腿或摆腿不完整，动作节奏掌握不好。

【纠正方法】在翻转时同伴托队员的腰部，给予助力，帮助其加速摆腿。

（3）前手翻。

【动作方法】趋步助跑，上步压上体，两臂向前下方伸出撑地；两腿充分蹬摆，经倒立位置、顶肩推手、紧腰、梗头，使身体保持反弓姿势至落地，屈膝缓冲、两臂上举。

【技术要点】主力腿屈膝，上体下压，手臂向远伸，顶肩、推撑有力；蹬摆腿经倒立时并腿制动；展髋，落地屈膝缓冲，两臂夹头。

【辅助练习】加强倒立推撑躺垫练习，从平地推撑到向高垫推撑；加强上步摆倒立靠墙练习；同伴侧向帮助队员顶肩、托腰练习翻转动作；下落时拎臂（提拉大臂）减缓队员下落时的冲击力。

【易犯错误】下手过远或过近，导致撤肩或冲肩；上肢力量弱，顶肩无力；过早弯腿，并腿制动不足；低头立上体过早，展髋过早。

【纠正方法】加强靠墙踢摆倒立练习和平地顶肩、推撑练习；在同伴的帮助下体会动作。

4. 空翻类动作

空翻类动作是指不经两手撑地的、身体有腾空的翻转动作。花球舞蹈啦啦操中常用的是侧空翻，完成侧空翻时可以手持花球。下面以侧空翻为例说明。

【动作方法】趋步起跳上步蹬摆腿，上体向腿部前屈，两臂向前上方引臂后用力向后上方摆带，收腹提气，身体在侧平面上完成翻转；完成动作时，两腿依次开腿，屈膝缓冲落地。

【技术要点】两腿蹬摆用力，手臂摆动有力，空中身体收紧，落地时两腿屈膝缓冲。

【辅助练习】原地蹬摆腿练习；在同伴的帮助下练习，即同伴站在队员的侧前方，一手托其髋部，帮助其翻转，两手扶其腰部帮助其落地。

【易犯错误】摆动幅度小，翻转速度不够；蹬地力量不足，翻腾高度过低；落地缺乏缓冲。

【纠正方法】加强蹬摆腿练习，强调蹬摆的协调用力；在同伴的帮助下体会翻转的感觉；在保护垫上练习，增加安全性。

（四）柔韧与平衡类动作训练

柔韧与平衡类动作的基础动作是劈叉，核心技术是单腿站立平衡，基本身体素质是柔韧、协调与力量。延伸难度动作包括高踢腿、抱腿平衡、抱腿侧倒、垂地劈腿、依柳辛等动作。以下从动作方法、技术要点、辅助练习、易犯错误和纠正方法等方面对延伸难度动作进行阐述。

（1）高踢腿。

【动作方法】身体保持直立，单腿快速踢出（可向前、向侧、向后各个方向完成）。

【技术要点】身体保持直立，主力腿伸直，动力腿加速上踢。

【辅助练习】单手轻扶把杆进行踢腿练习，使队员体会加速踢腿的动作。

【易犯错误】踢腿速度慢，腿弯曲，开度不够。

【纠正方法】加强力量练习，如负重踢腿、仰卧踢腿练习；加强柔韧素质练习，如提高髋部的柔韧性练习。

（2）抱腿平衡。

【动作方法】主力腿站立（以向前抱为例），动力腿高举，两手抱起高举的动力腿的脚踝处。

【技术要点】两腿伸直，用力拉近动力腿使其靠近身体。

【辅助训练】单手扶把杆进行抱腿、控腿练习。

【易犯错误】动作不稳，抱动力腿的高度不够，主力腿弯曲。

【纠正方法】加强力量练习，如负重踢、控腿练习；加强柔韧练习，如提高髋部柔韧性练习。

（3）抱腿侧倒。

【动作方法】主力腿支撑，抱动力腿保持平衡，向侧倾倒躯干，动力腿顺势侧倒，再回正。

【技术要点】身体重心控制在主力腿上。

【辅助练习】侧向扶把杆，改变动力腿姿势的平衡练习，抱动力腿反复进行直立—侧倾—直立练习。

【易犯错误】后背松弛、驼背，身体重心不稳，主力腿晃动。

【纠正方法】加强单腿平衡控制练习；加强柔韧练习，如提升腿部和躯干的柔韧性练习。

（4）垂地劈腿。

【动作方法】两腿并腿保持直立，两臂上举，一条腿为主力腿保持直立，另一条腿为动力腿向后上方踢出；同时躯干向前屈，两手撑地。

【技术要点】主力腿与动力腿的开度超过170º，躯干前屈和动力腿后踢协调一致，保持头、躯干、腿成一条直线。

【辅助练习】背对墙，体会垂直纵劈腿动作；把杆上快速后踢腿练习，体会腿部的用力；躯干前屈，两手撑地，腿部加速后摆练习。

【易犯错误】主力脚离开地面，动力腿发力慢与躯干前屈不能协调一致，结束时躯干未充分抬起，屈膝。

【纠正方法】借助外力帮助队员腿部加速摆动及躯干的回抬；加强柔韧素质练习，如提高腿部和躯干前屈的柔韧性练习。

（5）依柳辛。

【动作方法】两腿并腿直立（以右腿为主力腿）；两臂上举，右臂带动身体向下靠近腿部，右手撑于主力腿内侧地面；主力腿起踵，左腿（动力腿）向上踢摆，带动身体绕垂直面画一个圈并转体360º；回到起始姿势。

【技术要点】主力腿起踵，动力腿的脚尖带动身体绕垂直面画圈，身体和腿都在同一水平面上完成动作。

【辅助练习】在练习的初期，首先进行垂地劈腿起身转体180°练习，体会摆腿立上身和转体的连接；其次可采用带臂训练的方法，引导队员体会身体旋转用力的方式。

【易犯错误】旋转角度不准确，躯干与动力腿不在同一水平面上，动力腿开度不够，转体困难。

【纠正方法】通过带臂训练、帮助压背、兜转的方式加强转体概念的形成；强调主力腿起踵；限制性练习，即在队员两侧立两块垫子，让其在夹缝中练习；加强柔韧素质练习，如提高腿部柔韧性练习。

（五）街舞技术技巧动作训练

街舞技术技巧动作包括地板舞步类（Footwork）、支撑定格类（Freeze）和旋转技巧类（Power Move）三种类型。

1. 地板舞步类

地板舞步类通常是指舞者在进行舞蹈动作展示时，采用仰卧、俯卧姿势或手部接触地面，做出摆腿、踢腿、勾腿、穿腿等动作类型。

（1）初级难度示例。

①钩步（Hooks）。钩步的动作形式常呈现为蹲位状态下，一只脚保持不动，另一只脚沿弧线接近前脚，使膝关节内侧最终钩于另一只脚的背部，并在此动作形态基础上加以创新、延伸的动作。

②CC's（Crazy Commandos）。CC's的动作形态常呈现为蹲位状态下，一只脚伸直而另一只脚弯曲，持续做左右抬脚提髋的动作。

（2）中级难度示例。

①六步（Six Step）。六步，即六步舞，不仅要求脚下流畅地绕腿，而且需要与音乐节奏协调一致。

②三步（Three Step）。三步共分为三个步骤：一是起始姿势为两手两脚撑地，右脚向左踢，左脚向臀部下方收回，右手撑地；二是换手换脚；三是右脚向斜后方伸腿，左脚向左伸腿，重心压在左手上；然后还原成起始姿势。要求脚下流畅地绕腿，反复循环此动作。

（3）高级难度示例。

①拖拽步（Drag Step）。拖拽步是指使用脚背贴于地面，两脚与地面交替摩擦或滑步，并在此动作基础上创新的动作。

②穿脚（Thread）。穿脚动作是指用一只手抓住一只脚的脚尖，另一只脚在手与抓住那只脚的空隙做穿入或穿出的动作。

2. 支撑定格类

（1）初级难度示例。

①三角撑（Baby Freeze）。三角撑是指由手、肘、头三点支撑的定格动作，即两脚并拢下蹲，两手置于两腿右/左侧，肘关节支撑侧腰髋骨偏上部位，身体重心向右/左垂直倾斜直至头部右侧着地，左/右手支撑两腿腾空呈"婴儿"姿态。②飞机撑（Float Freeze）。飞机撑是指由手、肘、腹部支撑的定格动作，即身体俯卧，右/左手肘关节置于腹部中央，左/右手掌心撑地，两脚逐渐弯曲腾空呈"螺旋桨"或"漂浮物"姿态。

（2）中级难度示例。

①肩撑（Shoulder Freeze）。肩撑是指以肩部为主要支点的定格动作，即右/左手臂向上弯曲和头部侧位同步贴于地面，左/右手掌心撑地，两脚腾空呈肩部支撑姿态。②肘撑（Elbow Freeze）。肘撑是指以肘部为主要支点的定格动作，即右/左手肘关节贴于地面，左/右手掌心撑地，两脚腾空后，背部保持直立，呈"肘部支撑"姿态。

（3）高级难度示例。

①倒立耐克（Nike）。倒立耐克是指单手支撑的倒立，空中腿呈"√"姿态，是街舞中的标志性动作。②椅撑（Chair Freeze）。椅撑是指一只手的肘关节置于身体侧腰髋骨偏上部位，此时头部与两脚均需腾空呈单手支撑姿态。初学者练习时需使用椅子进行辅助练习。

3. 旋转技巧类

（1）初级难度示例。

①风车（Windmill）。风车是指队员的肩部或背部着地，从一个肩膀转向另一个肩膀，同时两脚持续地在空中旋转的动作。②跳转360°。跳转360°是指单脚支撑，持续换手撑地，在旋转状态下始终保持身体空间位置不变的动作。

（2）中级难度示例。

①飞机跳（Crickets）。飞机跳的创作灵感源于蟋蟀的跳跃动作，是指通过手臂支撑腹部实现连续旋转跳跃的动作。②托马斯类（Flare）。托马斯是由一名叫托马斯的体操队员发明的体操动作。托马斯类是指分腿并降低身体重心，肩略前倾，左腿向左上方举起，右腿经后下方向左侧伸，放左手进腿，至分腿后撑并接上托马斯全旋的动作。

（3）高级难度示例。

①手转。手转是指由手支撑的转体，由倒立动作变形而来，分为单手转（1990s）和双手转（2000s）。单手转是指单手倒立，以腿带动身体旋转，身体重心要保持在支撑手上。双手转是指右手离开地面之后马上握住左手手腕，向下撑，腰部带着双腿向上顶，全身肌肉绷紧，此时左手5个手指微抬，用掌跟着地，让双腿带着身体继续旋转。②大回环（Air Flare）。大回环是指在倒立姿态下持续抛

手、换手，与腿部旋转形成密切配合，使身体持续保持空中姿态旋转的动作。

三、舞蹈啦啦操配合动作训练

配合动作是舞蹈啦啦操的特色，也是舞蹈啦啦操项目特征的集中体现。

（一）配合动作的训练内容

舞蹈啦啦操队员之间的关联通过一般配合动作、托举动作、对比动作与层次动作等表现出来。

1. 一般配合动作

一般配合动作是指两名或两名以上队员之间保持身体接触，队员各自又与地面保持接触，且不借助他人的力量离开地面的动作。一般配合动作强调每名队员的主动用力，是一种动态性、动力性的配合。

2. 托举动作

托举动作是指队员被一名或多名队员托起、支撑或借助外力离开地面的动作。舞蹈啦啦操托举动作的高度不能超过站立两人的高度。

3. 对比动作

对比动作是指同一节拍点，队员以同一动作为基础，在高低、左右等不同空间进行表达的动作。例如，菱形队形的外围队员做开立的高V、内圈队员做开立的低V，这只是手臂动作的对比；如果外围队员不变，内圈队员做了蹲立的低V，则既有手臂动作的对比，也有空间高低位置的对比。这两个例子都是由两个动作组成的对比动作，在此基础上可以增加对比动作的数量，如上述例子中可以增加一个中间对比动作：半蹲的中V，即形成由3个动作组成的对比动作。

4. 层次动作

层次动作是指队员按照规则的规定，依次完成相同类型的动作。例如，将队员分成3组，每组都用1拍分批次完成侧弓步+K动作，即第1组在第1拍启动，第2组在第2拍启动，第3组在第3拍启动。

（二）配合动作的训练方法

1. 时机的配合训练

由于舞蹈啦啦操是有音乐伴奏的，卡音乐的节拍是配合动作时机训练的有效方法。根据动作的需要，同时卡在某一拍动作，开始时在教练员口令的指挥下进行练习，逐渐过渡到配合音乐，最终凭感觉完成配合动作。当进行配合动作训练时，每名队员须熟悉自己动作的方法、路线、方向等。

2. 力的配合训练

动作发力的大小、方向既是配合动作训练的关键，也是托举动作训练的关键。队员之间身体重心的变化只有依靠他人的协作才能完成，只有形成合力才能准确地完成动作。力的配合训练由教练员帮助队员分别体会用力的感觉开始，逐渐过渡到在外力的协助下完成动作，最终由队员独立完成动作。

3. 采用辅助练习或分步骤练习

简化练习内容或练习方法，由降低难度的练习逐渐过渡到完整练习。首先进行分解动作练习，其次进行完整动作练习，最后使队员完成配合动作的练习。例如，先训练尖子和底座队员，使其熟悉自己的动作；再进行托举动作练习。

（三）配合动作训练的注意事项

1. 安全是配合动作特别是托举动作训练的第一要务

动作难度的训练要循序渐进，由低到高，尊重队员的个性化差异，保障练习的安全性。例如，在学习托举动作之前要先学习如何下架子；要多使用辅助练习手段，不要急于求成；又如，由垫上完成过渡到在地面完成过渡；再如，在落地区采用放置软垫等方法均可防止运动损伤的发生，确保队员得到安全保护。

2. 耐心、相互体谅是配合动作训练的关键

由于配合动作由多人完成，队员中只要有一人未达到动作要求就会影响整个团队，而每名队员所扮演的角色及对练习内容的接受度是不同的，因此要给予队员足够的练习时间，确保每名队员都能达到训练的要求。当训练出现问题时，队员之间要相互体谅，多从自身找原因，相互指责不但不能解决问题，反而会激化矛盾。

3. 配合动作训练需要队员之间的默契配合

配合动作是舞蹈啦啦操队员之间交流的重要手段。训练时队员不仅要了解自己的动作方法、路线等，还要了解配合的队友的动作方法、路线等。舞蹈啦啦操强调，通过队员之间的默契配合、相互激励，能够充分发挥队伍的整体实力，以便实现团队目标。

四、舞蹈啦啦操艺术表现力训练

舞蹈啦啦操队员在展现高超的技术技巧的同时，其富于艺术表现力、充满生机的表演更能激发观众的热情，满足观众的审美需求。艺术表现力是舞蹈啦啦操成套动作艺术价值的重要评判依据，能够起到提高竞赛成绩的作用。因此，对于舞蹈啦啦操而言，艺术表现力是队员竞技能力的重要组成部分。舞蹈啦啦操队员通过无声的肢体动作和面部表情，结合有声的音乐来表达情绪、情感，以感染观众、引起

共鸣。艺术表现力是人的内在情感的外部表现形式，是队员将内在情感体验通过外部肢体动作进行展现的能力。高水准的艺术表现力须经过系统的训练才能获得。艺术表现力需通过队员的肢体、心理和面部表情来展现，肢体动作的训练在前面的章节中有所表述，下面主要介绍心理训练和面部表情训练。

（一）心理训练

内在情感体验是舞蹈啦啦操的原动力，外部肢体动作是艺术表现力的评价依据。因此，训练时要注意内外兼修，外在动作是内在情绪情感的表征，是人的情感的形象性外化表现。通过提升队员对舞蹈啦啦操成套动作的认知，观众不仅能欣赏到动作和技术技巧的展示，还能感受到其所蕴含的内在潜能。人们在这种内在情绪的感染下产生联想，沉浸在美的享受中。

1. 认知训练

认知训练的内容主要包括以下几个方面。

（1）对成套动作的舞蹈风格的认知。

成套动作都有其相应的舞蹈风格，队员应对此类舞蹈风格蕴含的人文、地理等背景知识有一定的了解，只有这样才能将舞蹈的精髓渗透到成套动作中去，真正把握成套动作的舞蹈风格。

（2）对成套动作的音乐的认知。

队员要进行音乐素养训练，认识节拍，提升韵律感和节奏感。其需掌握一定的乐理知识，具备一定的音乐鉴赏及审美能力，在理解音乐作品的基础上，使动作与音乐完美地融合。

（3）对动作方法与要求的认知。

队员不仅要模仿动作，还要真正掌握动作的方法、理解动作的要求，从而达到对动作的运用自如。

（4）对情节有深入的认知。

有的成套动作有一定的故事情节，队员就要对其有深入的认知，并产生带入感，从而表现出作品的内涵。

认知训练的主要方法包括讲解法、观察法和练习法。

（1）讲解法。

讲解法是指教练员运用丰富的语言，耐心细致、深入浅出地讲解舞蹈风格、成套动作、音乐特色、动作背景、动作要求等，使队员对所练习的动作有一个清晰的认识的一种训练方法。

（2）观察法。

观察法是指队员通过现场观摩赛事、表演和对音乐、视频进行赏析等途径仔细品味作品的风格、内容、形式等，通过观察和比较，发现自身的优点，找出自身的不足，并反复揣摩动作，从而达到提高技术的目的的一种训练方法。例如，镜子是舞蹈啦啦操训练中必不可少的工具，既简单又实用，队员训练时可以面对镜子，对自己的动作进行观察。

（3）练习法。

练习法是认知训练中最重要的环节，是指队员在教练员的指导下，反复地完成一定动作或活动方式，借以形成技能、技巧或行为习惯的一种训练方法。舞蹈啦啦操队员通过反复练习不断提升动作感知度， 进而真正把握动作的风格及成套动作的内涵。舞蹈啦啦操队员通过接受不同风格的舞蹈训练，丰富了表演素材和动作语汇，扩大了视野，拓展了表演领域。

2. 注意力训练

注意力是一种心理指向，是所有能力的基础，舞蹈啦啦操队员只有不断提升注意力才能提高训练和比赛的质量。注意力训练需从视觉注意力和听觉注意力训练开始。教练员可以从舞蹈啦啦操队员的眼神和表情的专注度入手，提高舞蹈啦啦操队员在训练和比赛中的注意力。例如，播放成套动作音乐时，要求舞蹈啦啦操队员只听一种声音，从众多声音中剥离出这种声音来聆听，将视觉注意力和听觉注意力相结合，以便保持良好的注意力。同时，为队员创造舒适、良好的训练环境。例如，没有其他人或事分散注意力，训练场馆物品摆放有序等，可以提高训练效率。注意力的提升也是抗干扰能力的提升，静心、默念等训练方法有助于队员排除外界干扰，提升注意力。

3. 记忆力训练

舞蹈啦啦操成套动作繁多，操化动作复杂多样，队员需要记住所有动作的方法、移动路线、方向、队形、配合等，这就要求队员必须具有良好的记忆力。首先，及时复习是记忆力训练最有效的手段。由艾宾浩斯遗忘曲线可知，人们在学习中遗忘是有规律的，遗忘的速度总是先快后慢，因此，应及时复习巩固所学动作。其次，可以同时利用语言功能和视、听觉器官的功能来强化记忆。例如，给动作创编易于记忆的名称等。最后，艾宾浩斯记忆法对于任何学习材料的记忆都是行之有效的，可以极大地提高记忆效率，收到事半功倍的记忆效果。心理学研究表明，在记忆过程中，存在前摄抑制和倒摄抑制，所以最容易记住的是开始学的动作和最后学的动作，中间学的动作往往不容易记忆。因此，对所学知识和记忆效果及时进行复习和自测，并通过定期测验、考试等方法进行强化记忆，有助于记忆力训练。

4. 情绪训练

队员的喜、怒、忧、惧等情绪会直接影响肢体动作，因此训练和竞赛中需要对其进行情绪管理，培养其驾驭情绪的能力。第一，有意识地调适情绪。第二，缓解紧张情绪。第三，激发情绪。保持适度兴奋、适度紧张。第四，克服紧张情绪。采用模拟比赛、测验、以赛代练等手段缓解队员的紧张情绪。

（二）面部表情训练

队员的表演能否打动观众和裁判员，除了富有情感的技术技巧动作外，最直接的因素就是队员的面部表情。

1. 眼神训练

常言道："手之所至，腿随之；感情所致，心随之；心之所至，感情随之；感情所至，味随之。"面部表情训练从眼睛训练开始。眼睛是心灵的窗户，是表达情感的第一感官。眼神是透过窗户传递出来的内心世界，队员须拥有的一双会说话的眼睛。

（1）定眼训练。

定眼是指两眼集中紧盯一点，分为正定法和斜定法。正定法是指眼睛盯住前方2～3m处的一点（与视线高度基本持平），这个点越小越好，保持5～10min。斜定法是指所视目标与视者的眼睛成25°角。定眼训练要求目光集中，全身放松，精神高度集中，轮匝肌不要过于紧张，不可眨眼。

（2）转眼训练。

转眼时，手指保持不动，眼珠向上移动，再向下移动；可左右移动，再倒转圈，而后顺时针方向极力转9圈，再逆时针方向极力转9圈。刚开始练习转眼时会感到头晕，可减少圈数，也可将盯和转结合起来进行练习。

（3）追物训练。

眼睛瞪大不眨，盯着蚊虫飞鸟（或小一点的物品），追踪它的运动轨迹。

（4）扫眼训练。

眼睛像扫把一样，视线经过路线上的动作都要全部看清。扫眼分为慢扫眼和快扫眼两种。慢扫眼：在离眼睛2～3m处，放一幅画或其他物品，头不动眼睑抬起，由左向右做放射状缓慢横扫，再由右向左4拍1动进行练习，视线扫过，所有动作尽量一次全部看清。当眼球转到两边位置时，眼睛一定要定住，逐渐扩大扫视长度，头可随眼动，但要平视。快扫眼：方法同慢扫眼，但速度加快，由4拍1动到2拍1动，再到1拍1动，两边定眼。

（5）眼神接触训练。

眼神接触有助于我们表达意图、互相了解，是舞蹈啦啦操队员表情达意、维持互动和良好沟通的一种重要方法。首先，要学会察言观色与揣摩心理。例如，训练与同伴目光交流，考察眼神是否与自己的思想感情相符；又如，与擦肩而过的人进行眼神接触，试着揣摩对方的心理，试着与不同年龄、性别、职业、性格的人进行交流，大胆尝试使用不同的眼神，并考察社交效果；再如，对着镜子与自己的眼神接触，观察自己眉毛和面部表情配合是否到位，是否充分地表达情感。

眼神训练的注意事项：要持之以恒，刚开始练习时眼睛会酸痛流泪，要克服困难，坚持练习，3～5天后眼睛就恢复正常了；练习时间和练习次数要随着练习的深入而增加，练习内容要由少到多，练习范围也要不断增加。练习一会儿，要让眼睛放松片刻或两手搓热按摩眼眶。

2. 其他面部表情训练

面部表情是表现人的喜、怒、哀、乐的晴雨表，成套动作要表达的情绪，需运用恰当的面部表情来表现。舞蹈啦啦操队员要学会在紧张状态下也能控制自己的表情。首先，对着镜子练习不同情绪状态下的表情，即喜、怒、哀、乐；其次，教练员需引导队员学会判断、理解面部表情。

队员在对着镜子练习成套动作过程中须始终贯穿面部表情。面部表情的训练方法包括：①做大笑状，嘴角用食指固定，不让肌肉复原，保持10s；②做适中的笑，固定嘴角，保持10s；③用食指抿住嘴角做微笑状，保持10s；④抿嘴，嘴角略微上挑，保持10s；⑤用食指按住嘴角，尽量嘟嘴，保持10s。

五、舞蹈啦啦操的一致性训练

舞蹈啦啦操的一致性训练非常重要，整齐一致的动作能渲染气氛，集中体现舞蹈啦啦操成套动作的气势。

（一）动作合拍训练

合拍，即合于节拍，比喻动作协调一致。在成套动作竞赛和表演过程中，不允许喊口令，队员只能在音乐的统一指挥下进行成套动作展示。认识节拍是合拍训练的开端，队员需反复聆听成套音乐，在教练员的指导下随音乐进行简单动作、分解动作直至成套动作的练习。

（二）动作速率一致性训练

动作速率是指在一定时间内动作行进的路线。动作速率一致性是舞蹈啦啦操动作一致性的重要体现，如同时完成挥鞭转动作时，所有队员需要以相同的速度旋转，在同一时间点转至同一面向。动作速率与力量素质密切相关，因此队员应首先加强肌肉力量训练。动作速率也与节奏感有关，对于动作幅度过小的队员，可在教练员口令的指挥下练习，由慢动作逐渐过渡到加速动作，体会不同速度动作的差异，通过反复练习，提升动作感知度。队员只有动作速率一致，才能达到整齐划一的效果。

（三）动作幅度一致性训练

动作幅度一致性是指一个动作从开始到结束，四肢及躯干移动的范围相同。例如，在操化动作中，手臂上举的位置相同，大踢腿的高度一致等。动作幅度与身体的柔韧性密切相关，对于动作幅度过小的队员，可以采用改善身体柔韧性练习的方法增大动作幅度；对于动作幅度过大的队员，可采用限制性练习的方法缩小动作幅度。

（四）动作空间位置一致性训练

动作空间位置一致性训练包括队形和高低位置训练，以及动作行进路线的训练。例如，手臂从欢呼直接上举成高V与从欢呼向内绕环至高V的动作路线是不同的，训练时要统一其动作路线。不论是正视、斜视还是俯视，各个视角看过去队员的站位都要体现出设计的一致性。动作空间位置一致性训练常采用的方法包括定点跑位法、反复练习法、录制视频回放法、语言提示法等。

六、舞蹈啦啦操成套动作训练

舞蹈啦啦操成套动作训练是训练的最后阶段，是队员在基础动作全部掌握的情况下进行的训练。舞蹈啦啦操成套动作训练的主要形式包括分段训练、分类型训练、点位与队形训练、连续拉成套动作训练和计成功率的成套动作训练。上述训练形式从有重点地训练队员完成成套动作的某一部分动作的能力开始，直至其具备独立完成成套动作的能力。例如，连续拉成套动作训练主要是加强队员的专项体能素质，使其能够轻松地完成成套动作。

（一）分段训练

训练初期教练员一般把成套动作按顺序分为前、中、后三个段落，反复对其中一段动作进行细化训练，然后逐渐增加段落长度，如分为前、后两个段落长度。分段动作中有交叉动作，即某个动作既是上一段的结束动作又是下一段的起始动作，分段训练有利于加强段落间的衔接和掌握重难点动作训练。分段训练一般先采用教练员口令指挥，再跟随音乐的节奏进行练习；当遇到问题时，教练员可随时暂停口令或音乐来对队员进行有针对性的训练。

（二）分类型训练

根据成套动作中不同的动作类型进行训练，分类型训练可分为架子动作训练、操化动作训练、难度动作训练等。当进行分类型训练时，既可以配音乐，也可以在教练员的口令指挥下完成。

（三）点位与队形训练

点位与队形训练是指对成套动作中队员的站位、移动路线进行重点训练的一种方法。首先需确定点位，以队员之间的相互位置或场地上的显著标志物为参照确定位置，对于不熟悉位置的队员，可以在地上用地贴等标志物标明点位。当把前后移动的位置都确定好之后就可以进行移动跑位训练。移动跑位训练先从不加动作的单纯跑开始，逐渐过渡到以各种技术技巧动作进行跑位。训练中，点位与队形是比赛前走场时的重点练习内容，特别对于新手及年龄小的队员，走场定位可以避免晕场（排错队、走错路线、转错方向等）。

（四）连续拉成套动作训练

连续拉成套动作训练是成套动作训练的最后阶段，是在其他内容基本训练完成后进行的冲刺训练；连续拉成套动作训练的目的是提高队员的专项体能。连续拉成套动作中间一般间隔一个成套动作的时间，也可根据队员的体能状况进行调节。连续拉成套动作训练的初期可以与分段训练相结合，如在完成一个成套动作训练之后接着做一个分段训练。因此，队员只有具备连续完成3个成套动作的体能，才能轻松地完成一个成套动作。

（五）计完成成套动作的成功率训练

计完成成套动作的成功率训练对队员提出了较高的要求。教练员可以根据具体情况采用计集体完成成套动作成功率、计集体完成成套动作中个别动作成功率或计个人完成成套动作成功率等训练方法，使队员在承受一定压力的情况下完成成套动作，有利于提高动作质量。计完成成套动作的成功率训练可采用成功完成5个成套动作，或连续成功完成5个成套动作，或指定完成其中一个成套动作等方法计算成功率。对于舞蹈啦啦操项目而言，如果采用每名队员逐一计成套动作成功率的训练方法，则对全体队员提出了较高的要求。当然，各种成功率的计算方法可由教练员根据训练的实际情况灵活运用。

第五章 舞蹈啦啦操创编

第一节 舞蹈啦啦操创编概述

舞蹈啦啦操创编是指把分散的、单个的舞蹈动作、技术技巧动作、托举配合动作和过渡连接动作等素材，根据主题需要或者套路的整体设计，将其按照一定的组织、顺序和结构，结合队形、空间、层次的变化等，形成完整的成套动作作品的过程。

舞蹈啦啦操是一项综合性很强的体育运动项目，想要有效地达到竞赛与表演的目的，不是简单地把动作串联起来，而是要注重舞蹈啦啦操的风格、本质、特点及其成套队形、结构、时间、空间运用的方式、音乐等因素的有机结合。

一、舞蹈啦啦操创编的指导思想

（一）依据竞赛规则

竞赛规则，即比赛中的法规，是衡量完成情况的标尺，是判断成套动作的艺术性、创编的新颖性等的标准。竞赛规则又是指南针，它为创编者和参赛者指明了方向。研究并执行竞赛规则的规定不仅是队员与教练员的职责，而且也是创编者创编动作的依据。因此，创编者应在创编前深入地了解竞赛规则、分析竞赛规则、掌握竞赛规则，并在创编中遵循竞赛规则。

（二）创新是取得优异成绩的关键

舞蹈啦啦操的创新包括动作创新、音乐创新、成套动作构图创新、风格创新等。国际啦啦操联合会制定的竞赛规则对成套动作创造性和原创性有着明确的解释，即音乐的展现需通过动作编排来形成呼应，从而形成了对音乐可视化创造。所以独特的、原创的成套动作无疑是队员取得优异成绩的关键。值得注意的是，舞蹈啦啦操的创新是在把握舞蹈啦啦操的本质与技术特点的情况下的创新，是在对舞蹈啦啦操竞赛规则清晰认识的情况下的创新。因此，创新是舞蹈啦啦操项目发展的源泉。

（三）体现竞技能力

舞蹈啦啦操竞赛的目的是取得优异的运动成绩，队员则是通过比赛来展现高水平的竞技能力，因此，在舞蹈啦啦操比赛中成套动作的创编非常重要。舞蹈啦啦操的竞技特征主要表现为动作的高难度、动作形式的多样性与连贯性、运动负荷的高强度等。这其中包含队员的身体素质（力量素质、柔韧素质、协调能力、平衡能力）、独特的吸引力（动作设计、队形变换、动作表现、表情与气质）、智慧（各种技术动作创编的合理性、成套动作的层次变换）、心理素质（情绪的稳定性）等综合能力，这些综合能力就是队员的竞技能力。因此，体现舞蹈啦啦操队员的竞技能力是舞蹈啦啦操创编的重要指导思想。

（四）娱乐性与艺术性

娱乐性与艺术性是舞蹈啦啦操不同于其他运动项目的重要特性。为了满足竞技比赛的互动需求，舞蹈啦啦操的创编需具有独特的创新性，将平时所创编的成套动作与不同类型的赛场相结合并加以提炼，使其成为观赏性较强的竞赛和表演项目。例如，舞蹈啦啦操通过使用优美动听的音乐来陶冶人的情操，通过舒展大方的动作使人沉浸在美的享受中，人们在音乐的伴奏下可以释放压抑的情绪，获得良好的情绪体验。

二、舞蹈啦啦操创编的原则

对于舞蹈啦啦操项目来说，主体动作应完整、流畅、多样，并具有感染力和节奏感。创编者要从队员的实际出发，在遵守竞赛规则的前提下，围绕主体动作，创编出具有清晰的层次、新颖的结构、多样的队形变化和强劲的冲击力的成套动作。音乐的选配非常重要，创编者既可以先创编动作再选配音乐，也可以先选音乐再创编动作。无论采用哪种方法，都要使动作与音乐的主题、节奏、旋律协调一致。舞蹈啦啦操创编需遵循以下几点原则。

（一）安全性原则

无论是作为竞技类体育项目还是表演互动节目，为了凸显队员的竞技能力和提高观赏效果，不同类型的舞蹈啦啦操都会增加一些托举动作和技巧动作，但这些动作是否安全有效、是否符合人体生理结构特征，直接关系到队员的身体健康。因此，在舞蹈啦啦操的创编中，创编者要充分了解队员的竞技水平，科学合理地对成套动作进行创编，使队员在能力范围内有效地完成对该项目特点的表达，遵循安全性原则，避免伤害事故的发生。

（二）艺术性原则

舞蹈啦啦操之所以受到大众的喜爱，原因之一是其具有可观赏性。

艺术种类繁多，包括视觉艺术、听觉艺术和视听艺术等。舞蹈啦啦操作为视听艺术，受到了东方艺术与西方艺术的差异性、古典艺术与现代艺术的年代性、相同类别艺术的相通性等特点的影响。舞蹈啦啦操创编的艺术性主要体现在整体结构的设计、音乐的选配、队形的设计及服装的设计等方面，创编者只有遵循艺术性原则，才能体现舞蹈啦啦操的审美价值，才能使观众感受到真善美的艺术表达。

舞蹈啦啦操的艺术创造具有两重性，一是创编过程中的艺术创造，二是队员在完成成套动作过程中的第二次创造。创编者在创编中的艺术创造是基础，在此之上队员的第二次创造，使舞蹈啦啦操的艺术创造性达到极佳的境界。舞蹈啦啦操的艺术创造可以通过以下几个方面来展现。

1. 主题

在成套动作中创编者可选择一个主要内容加以表现和进行恰当的描述，如既可在短时间内做2～3个动作，也可在成套动作中反复出现同一主题（即运用不同的动作表现同一主题），使成套动作产生戏剧性效果。同时，要使主题与其他因素有机地结合，主题的出现要能够突出艺术性。如果没有具体的主题，则应围绕成套动作的风格进行创编。

2. 音乐风格

优美、完整及独特的音乐风格是展现动作艺术性的动力，音乐具有完美的表现形式，它可以使创编者产生灵感。恰如其分地运用音乐的表现形式，可以突出动作的艺术效果，并给动作赋予生命力。音乐的选择须有利于体现舞蹈啦啦操队员的竞技能力。在创编中，创编者应对音乐的结构、节奏、旋律、配器等诸多因素进行分析，找出动作与音乐的结合点，同时特殊的音响效果会使动作产生意想不到的效果。

3. 动作设计

在动作设计上，创编者除了应考虑舞蹈啦啦操基本动作外，还应善于创造新颖的动作。新颖独特的动作具有较强的艺术性与创造性。创编者只有将音乐、配合、动作设计、表演等因素融合在一起，才能创编出一套与众不同的、令人难忘的成套动作。

（三）多样性原则

舞蹈啦啦操是舞蹈与体育的结合，是一项由众多元素构成的艺术作品，观赏与互动是舞蹈啦啦操的本质，同时成套动作的多样性也可以增强舞蹈啦啦操的观赏性。在观看舞蹈啦啦操时，人们的注意力很容易被变化、冲突、优美、移动的事物所吸引。因此，在互动交流的特定情况下，应尽可能地避免动作不必要的重复，保证成套动作的多样性。

舞蹈啦啦操成套动作的多样性体现在方向、轨迹、空间、方式等方面。方向有向前、向侧和向后；轨迹有直线、曲线和弧线；空间有腾空（高、中、低）、站立和地面；方式有移动方式、器械方式等。移动方式，即赛场上的各种移动步法；器械方式，即手持、交换、抛起（符合竞赛规则的情况下）器械等方式。在动作的发展过程中，要充分利用身体的各个关节进行单一运动和综合运动，这样可以避免单纯动作的重复和单调感，增强艺术表现力。这样创编的动作，既有统一感，又有新变化。在创编中对身体动作的开发是无止境的，创编者只有将人体各个关节的动作进行合理组合，才能创编出丰富多样的动作。创编者对各个关节动作的节奏、发力和空间的处理，对不同关节动作进行组合都可以变换出各种动作，使成套动作丰富且呈现多样性。

（四）创新性原则

舞蹈啦啦操是一项艺术性很强的技能主导类表现难美性项群类运动，它可以给人们带来很强的艺术享受，但就舞蹈啦啦操项目而言，它的主要艺术特点是朝气蓬勃、乐观向上。一个成套动作只要不是对一个已有的成套动作完全的或实质的模仿，而是创编者独立构思的产物，在表现形式上与已有套路存在差异，就可以视为其具有独创性，从而视为一套新产生的套路，而不是已有套路的翻版。创新一直贯穿在舞蹈啦啦操的发展过程中，并推动着舞蹈啦啦操运动的不断前进。因此，新颖的创编和独创的技术技巧动作是衡量当今舞蹈啦啦操发展水平的重要因素，是体现队员能力的重要依据。创新是舞蹈啦啦操的生命，一支舞蹈啦啦操队伍想要在比赛中取得好成绩，除了具有高超的技术外，还在于成套动作创编中有无创新元素。《2014版啦啦操竞赛规则》明确要求创编要具有原创性，也就是说优秀的成套动作须具备独一无二的创造性特征，体现在音乐、技术技巧、托举、动力性配合和队形等创编中。一套独特的成套动作须是令人难忘的、与众不同的，它须展现音乐、动作设计和配合的独特性和创造性。创新性的本质在于新，在于创造出前人没有的成果。在舞蹈啦啦操的竞赛中，不仅体现在队员体力和能力的比拼上，更体现在新的创编、新的技术、新的思维方式的比拼上。在成套动作创编中，创编者只有充分了解舞蹈啦啦操的现状及发展趋势，才能创编出新颖独特、受观众喜爱的成套动作。

（五）均衡性原则

舞蹈啦啦操成套动作的创编应遵循均衡性原则，不论是操化动作还是难度动作，均衡性主要体现在以下两个方面。

（1）成套内容类别和数量的均衡，即在成套动作中应根据目前动作的发展趋势及队员的特性，合理分配动作的类别和数量。

（2）成套内容结构的均衡，即对成套动作的前后顺序安排须均衡，不能使某一类动作特别是难度动作过分地集中体现。

（六）一致性原则

在舞蹈啦啦操竞赛规则中明确指出，舞蹈啦啦操的一致性是裁判员评分时的重要评价指标。由此可见，一致性是舞蹈啦啦操创编中需遵循的重要原则，这里的一致性主要是指动作与音乐的一致性。

舞蹈啦啦操是在音乐的伴奏下完成的运动项目，作为视听艺术，音乐起到了至关重要的作用，只有视觉与听觉在风格上协调一致，才会给观众以美的享受。舞蹈啦啦操的成套动作在完成过程中全部配有音乐伴奏，每名队员须根据音乐的节奏完成动作。在舞蹈啦啦操成套动作中，动作与音乐相结合，使音乐的表现形式更加丰富。所有动作完成要与音乐相匹配，不能拖拍或抢拍，同时要根据音乐的节奏，如快慢、高低，以及情绪的变化等元素来选择不同的动作进行表达，使动作与音乐更加融合。因此，创编者在选择音乐时须选择主题、旋律、节奏鲜明的音乐，因为只有音乐选择得当队员才可以通过加大动作的幅度、增加动作的速度和增强动作的力度，使动作能够被明确地表现出来。

动作与音乐的一致性主要表现为：①动作主题与音乐主题的一致；②动作速度与音乐节奏的一致；③动作幅度与音乐旋律的一致。

音乐可以使队员有效地记忆动作，协调和控制动作。尤其对于舞蹈啦啦操初学者而言，由于不能准确地掌握动作要领，在动作力度和发力时机方面总会出现偏差，而舞蹈啦啦操动作与音乐的节拍和旋律是相互配合的，在练习时需同步进行，在比赛时需相互促进。适当的音乐刺激可以帮助舞蹈啦啦操队员掌握最佳的发力时机，在动作完成过程中起到控制作用。此外，舞蹈啦啦操是集体项目，注重团队协作，要求队员之间要配合默契，然而，由于队员存在个体差异，在完成动作的过程中常常会影响成套动作的一致性。此时，教练员的口令指挥、节奏指导、配合音乐分段练习就能够帮助队员在训练过程中形成时间惯性，进而使动作与音乐协调一致。

三、舞蹈啦啦操创编的基本依据

任何形式的艺术创编都有其创编依据、创编原则和创编方法。创编的价值就在于让动作具有艺术性，让创编具有可行性。首先，在进行舞蹈啦啦操创编时，创编者要明确表演的目的、任务，从队员的实际出发，综合考虑比赛或表演的场地与环境设施，构思动作的主题与风格。其次，舞蹈啦啦操的创编须遵循竞赛规则的要求，以竞赛规则为依据进行创编。想要展现出一套精彩的舞蹈啦啦操成套动作，创编者在完成作品内容上就不能仅仅局限于简单动作的组合与拼接，而是要考虑队员的竞技水平、竞赛规则的要求和观众的审美需求等。创编者要以优秀的创编为纽带，将创编内容与竞赛相结合，最大限度地发挥队员的竞赛优势，使创编内容更具有竞争力和感染力，只有这样才能真正实现创编的意义与价值。

（一）以目的和任务为依据

舞蹈啦啦操创编是一项既复杂又细致的工作，在进行舞蹈啦啦操创编前，创编者首先要明确创编的目的和任务，其次根据创编的目的和任务确定动作的主题与风格。竞赛型舞蹈啦啦操创编的目的是要在竞技比赛中获得更高的得分，取得更好的名次；表演型舞蹈啦啦操创编的目的是活跃现场气氛、使观众情绪高涨、与观众互动，或为某项活动进行宣传。因此，舞蹈啦啦操的创编应以目的和任务为依据。

（二）以队员个人特征为依据

在创编过程中，创编者要充分考虑队员的实际情况，所创作的成套动作的难度不能超出队员的能力范围，能够让队员发挥出自己的竞技水平，从而达到最佳的比赛与表演效果。

在舞蹈啦啦操竞赛中，队员想要获得优异的成绩，不仅要有娴熟和完美的技能、技巧，还须具备鲜明的个性特征、丰富的艺术感染力和稳定的发挥力。运动智能是队员智力和身体能力的结合，作为人类智能的一种类型，较高的运动智能是队员在训练中掌握难度动作和领悟技术的关键；艺术表现力是队员体现艺术价值的重要特征，是带动现场气氛，与观众互动，提高比赛分数的重要途径。舞蹈啦啦操队员在比赛中取得优异的成绩取决于多种因素，是多元素效应的综合反映。在对成套动作进行创编时，创编者应从每名队员的特点出发，扬长避短，创编出符合队员个性特征的、能够充分展现其技术优势的成套动作。

（三）以主题风格为依据

舞蹈啦啦操是一项融合了地域文化与民族舞蹈风格的运动，逐渐朝着多元化方向发展，这给予了舞蹈啦啦操创编者更大的创编空间。近年来，舞蹈啦啦操开始走民族化、个性化路线，如在北京奥运会上，以藏舞、反排苗族木鼓舞等为主题的舞蹈啦啦操，通过使用具有浓厚的中国民俗文化色彩的配乐与服装（如京剧服饰、水袖等），使中国传统文化与舞蹈啦啦操完美结合，为人们呈上了一道现代、时尚、有中国特色的舞蹈啦啦操视觉大餐。

（四）以竞赛规则为依据

2014年，我国出版了新的啦啦操竞赛规则——《2014版啦啦操竞赛规则》，正式与国际啦啦操竞赛规则接轨，此规则对创编提出了新的要求，对各种舞蹈啦啦操的技术特征进行了规范，对如何评价舞蹈啦啦操的创编也提出了明确的要求。因此，舞蹈啦啦操竞赛规则是舞蹈啦啦操创编的“法定依据”，指引着舞蹈啦啦操创编的方向。在创编舞蹈啦啦操比赛成套动作时，创编者要深入地研究竞赛规则，严格遵守竞赛规则的要求，只有以竞赛规则为依据进行创编，才能避免造成不必要的失分。

（五）以技术发展趋势为依据

我国的舞蹈啦啦操与体操、艺术体操、舞蹈横向结合，并借鉴了其发展的精髓，面向社会大众，迅速朝着多元化方向发展。

国家体育总局和中国大学生体育协会每年都会举办全国性舞蹈啦啦操锦标赛和舞蹈啦啦操联赛，中国大学生体育协会还将舞蹈啦啦操和五人制足球、篮球相结合举办了独特的赛事，通过学科理论交流会和各级各类舞蹈啦啦操竞赛等方式，使教练员与队员能够近距离地进行交流和学习，这成为提高舞蹈啦啦操技术水平的重要途径。近年来，世界范围内的各种比赛和交流使得舞蹈啦啦操项目得到了快速的推广和发展，我国舞蹈啦啦操队员在世界舞蹈啦啦操赛场上取得了优异的成绩。因此，积极的参与比赛和进行广泛的交流是把握世界舞蹈啦啦操技术发展趋势的重要手段和途径，为舞蹈啦啦操的创编提供技术支持。

四、舞蹈啦啦操创编的意义

（一）改善疲劳状态

在现代社会，人类活动更多地由单纯的体力劳动变为脑力劳动。高密度的人群与现代化的大工业生产模式给人们精神上造成了越来越大的压力与负担，一方面是体能活动的减少，另一方面是脑力工作的加大与精神压力的增加。舞蹈啦啦操通过热情奔放的动作与强烈的节奏及丰富的表现力使参与舞蹈啦啦操练习的人们在锻炼的同时可以释放心中的压抑与烦恼，从而使人们的心理压力得以缓解。科学、适当的体育锻炼可以使人体的疲劳得以缓解，多种风格优美动听的音乐可以愉悦身心，舞蹈啦啦操综合了这两方面的特点，因此能够使人们的疲劳状态得以改善。

（二）提升团队的凝聚力

舞蹈啦啦操综合了音乐、多种风格的舞蹈、体操等项目的特点，具有较强的艺术性及表现力，人们在从事这项活动的同时会感到一种身心的愉悦，各种风格优美的动作与音乐会给观赏者带来美的感受。同时，舞蹈啦啦操作为一项集体项目，需要参与者之间相互配合、共同努力，而丰富多样的舞蹈啦啦操风格增加了舞蹈啦啦操参与者的练习难度和练习要求，只有大家齐心协力、积极进取，为了共同的目标努力奋斗，才能达到预期的效果。整齐划一的动作，积极向上的精神面貌，由内而外的自信，这些是在平日的训练中点滴积累起来的，团队的精神风貌是团队每个参与者的综合体现。舞蹈啦啦操参与者要时刻将团结协作的精神渗透到队伍中，舞蹈啦啦操的创编者将团队精神和艺术手段有机结合，可以创编出艺术效果极佳的竞赛与表演作品，不仅使人赏心悦目，还增强了团队的凝聚力。

（三）提高审美能力的有效途径

舞蹈啦啦操运动具有增强体质、塑造形体、陶冶情操的功能。舞蹈啦啦操不仅动作难度大，而且训练的强度和密度也很大，技术复杂；不仅具有全面性、准确性和艺术性的特点，而且有规定时间和特定动作的要求。了解舞蹈啦啦操审美的构成因素是创编者进行创编的基础。

舞蹈啦啦操审美的构成因素主要是形式美。形式美是指构成事物外在属性及其组合关系中所显现出来的美。形式美的构成因素具体包括以下几个方面。

1. 线条和形体的美

线条和形体是构成人体美的基础。一般来说，垂直线给人以坚硬、庄严、高昂的感觉；曲线给人以舒展、柔和、流畅的感觉。男性的健美表现为刚健有力，垂直线多一些；女性的健美则表现为柔美秀丽，曲线多一些。实际上，刚柔是相互渗透、相辅相成的。男性舞蹈啦啦操队员的身体具有柔和的曲线之美，他们可以做出灵巧的动作，这就是刚中有柔；女性舞蹈啦啦操队员秀美的身姿，也显得矫健有力，可以完成强劲有力的动作，这便是柔中有刚。舞蹈啦啦操队员的形体美主要依靠对动作的创编及队员完成连贯动作和组合动作的表现力。动作的基础是节拍及连续造型，从而构成了形体的美。

2. 音乐的美

与艺术体操相比，舞蹈啦啦操更强调动作的力度和层次的变化。因此，它的音乐节奏更趋于鲜明强劲，风格更趋于热烈奔放。舞蹈啦啦操的音乐多取材于现代音乐，使舞蹈啦啦操体现出一种鲜明的现代韵律感。这种有节奏、有韵律的音乐能激发队员的情绪，使其产生一种轻松愉悦的感觉，既使人得到了美的享受，又提高了身体的协调性、节奏感、韵律感和表现力。舞蹈啦啦操的音乐不同于一般性音乐，它具有自身独特的表现形式。在舞蹈啦啦操中，音乐的主要作用是用来烘托成套动作的效果和气氛，音乐与动作是紧密结合的，音乐的气氛对动作进行情绪上与力度上的烘托和渲染，动作是对音乐情绪的一种表现，任何一个动作的艺术性都存在于一种音乐情绪的表现之中。近年来，随着舞蹈啦啦操的不断发展，人们更加注重音乐节奏的运用，同时增添其创造性的创编，使音乐效果更具有艺术性和欣赏性。总之，舞蹈啦啦操的音乐配以强劲的鼓点动效，使成套动作洋溢着欢快和喜庆的气氛。音乐的节奏体现了舞蹈啦啦操运动的本质和内涵，突出了舞蹈啦啦操所独有的动感风格，诠释了舞蹈啦啦操的美学特征——节奏美。

3. 难新美

舞蹈啦啦操的难新美主要体现在动作的惊险性和超常性。俗话说："超常谓之奇，少见谓之怪。"随着舞蹈啦啦操难度动作数量和质量的不断提高，更突出了其难新美的特点。舞蹈啦啦操作为艺术性要求极强的体育项目，其动作绝不是对人们的日常劳动和生活中各种动作的简单的模仿，而是将生活中能够展示人的灵巧、力量、智慧和创造力的典型动作提取出来并加以美化，同时通过音乐的烘托表现出人的思维情感，使舞蹈啦啦操运动有了令人惊叹的艺术魅力和极高的审美价值。因此，舞蹈啦啦操创编的特点就是要体现成套动作的难新美。

4. 路线变化美

在舞蹈啦啦操比赛中，队员要通过充分利用场地的三维空间，来表现舞蹈啦啦操运动的路线变化美。不同于其他的体育项目，丰富的路线变化既提高了舞蹈啦啦操运动的艺术欣赏价值和审美价值，也展现了舞蹈啦啦操队员的竞技能力。优秀的舞蹈啦啦操队员能够充分地利用场地，把成套动作的路线变化美表现得淋漓尽致，充分展现了舞蹈啦啦操运动的美学特征。

（四）达到训练效果和提高竞技能力的良好手段

1. 创编是使舞蹈啦啦操队员达到训练效果的前提

舞蹈啦啦操队员无论是进行成套动作还是难度动作训练，都是以动作为前提的，科学合理的创编会使训练内容更加丰富，使队员能够准确地把握训练内容，从而达到训练目的。

2. 创编是提高舞蹈啦啦操队员竞技能力的必要前提

舞蹈啦啦操队员的竞技能力主要包括技能、体能、心理能力、智能等，其中技能和体能的提高在很大程度上依赖于动作的创编。依据竞赛规则的要求创编出符合实际要求的组合动作及成套动作，对提高队员的竞技能力起到至关重要的作用。队员只有准确地掌握动作要领与技术要点才能体现创编的合理性，否则会破坏队员已建立的技术基础，使其对技术的掌握出现偏差。如果创编的动作特别是高难度的组合动作不合理，那么很容易导致该队员发生运动损伤，严重的甚至会终止其运动生涯。因此，创编要有目的，好的创编内容会为队员形成牢固、准确的技术和技能打下良好的基础。

（五）取得优异成绩的必要前提

竞技体育是以提高运动技术水平和运动成绩为目的的体育运动。为了使舞蹈啦啦操项目评价具有专业性、客观性和公平性，所有舞蹈啦啦操比赛都会对参赛的套路动作做出具体的规定，这是竞赛规则中必不可少的一部分。竞赛规则中对舞蹈啦啦操技术特征的描述、动作与音乐同步性、创编内容、强度、空间使用、难度价值等方面都有具体的规定。因此，创编者在对竞赛规则进行深入研究的基础上创编出合理的成套动作，是队员取得优异成绩的必要前提。

第二节　舞蹈啦啦操创编的方法

舞蹈啦啦操的动作设计以人为创编对象，以取得优异成绩、活跃赛场气氛、培养人外在形体美和内在气质、精神、情操为目的。根据创编的目的，创编者可采用以下方法进行创编，如整体设计式创编法、分段创编法、录像分析法、风格、灵感创编法等，然后再对创编的动作进行连接设计，使其形成一幅完整的艺术作品。

一、整体设计式创编法

从成套动作的构成来看，创编的思路既可以由整体到部分，也可以由部分到整体。在创编过程中，创编者也会分段进行创编，分别创编出各个组合片段，再将其串联在一起。

（一）总体构思创编法

采用总体构思创编法是指在成套动作创编前，需要对内容有一个整体的构思或制定初步方案，同时要了解执行者的身体素质，明确创编目的和创编要求的一种方法。首先，创编者要对主题思想、音乐、动作素材、风格进行整体构思。其次，确定主题后再寻找音乐，并对音乐进行制作，对旋律进行划分。每首歌曲都有自己的结构，根据不同音乐结构搭建动作框架。最后，采用总体构思创编法可以让创编者具有清晰的思路，避免创编时出现无序和随意的情况。舞蹈啦啦操的构思阶段是体现创造力的关键时期，需要将碎片化的灵感有逻辑地串联起来，但灵感往往具有瞬间性和模糊性，创编者只有具备发散思维，对生活要有观察力，才能快速捕捉突发的灵感。

（二）线性创编法

采用线性创编法是指创编者逐渐增加新的动作元素的一种方法。创编者根据音乐、主题与情绪的变化，将动作逐渐累积，较之分解法而言线性创编法更具有针对性，也更加具体化，是舞蹈啦啦操具体动作创编中最常用的一种方法。线性创编法既可以是一个个具体动作元素的增加，也可以是一小节一小节动作的积累。

（三）叠加创编法

采用叠加创编法是指在创编舞蹈啦啦操动作时，将两个或两个以上独立的技术动作通过巧妙地结合或重组，形成新的技术动作或成套动作的一种方法。舞蹈啦啦操的动作组合既可以是同一类型动作变化为多个不同特色风格的动作，也可以是不同类型多个单独动作进行适当重组，最后完成成套动作的创编。成套动作是否流畅、自然，连接与过渡动作至关重要，动作的设计要符合舞蹈啦啦操的特点。成套动作不宜停顿过多，动作之间需要有间隙时，停顿最好不要超过两拍，动作之间的转换须轻松、自然。在运用叠加创编法的过程中，创新组合技术动作不是简单地堆积，更不是简单地拼凑，而是要使其形式多样、技术独特、动作新颖、结构合理，并与音乐风格和谐统一，因而对创编人员的创新能力提出了更高的要求。

（四）递进创编法

采用递进创编法是单个动作创编中常用的一种方法，是指在原有动作基础上为提高动作难度和动作的创编技巧而增加另一动作的一种方法。递进创编法能够保证动作之间连接合理顺畅，最终完成成套动作的创编。

（五）连接创编法

采用连接创编法是指在成套动作创编过程中，采用多种变化把分割的各段动作连贯而和谐地串联成有机的整体的一种方法。基本动作之间、基本动作与风格动作之间均要做到衔接紧凑、巧妙、流畅。连接的方法以动为主，以瞬间造型的静态动作为辅，停而不断、行而不乱，能够体现成套动作的完整、流畅与和谐统一。

二、分段创编法

采用分段创编法是指将舞蹈啦啦操成套动作的创编分为几个段落或部分，根据每一段落或部分的不同内容和目的，分别对其进行创编的一种方法。舞蹈啦啦操成套动作包括开始部分、中间部分和结束部分。开始部分要能吸引观众与裁判员的注意力，因此开始部分的造型、音乐和动作就显得尤为重要；中间部分是舞蹈啦啦操的主体部分，这部分内容所用时间和动作数量较多，所以内容创编要饱满，要能激发观众的情绪、展现队员的能力、体现独创性、表达高潮迭起的情感等；结束部分既可以简单精练，也可以是一个高潮，此部分内容要注意结束音乐与结束造型的和谐统一。采用分段创编法可以更好地将各部分内容科学、合理地进行搭配，使成套动作结构更加清晰、流畅。分段创编法包括修饰创编法、组合创编法和转换创编法。

（一）修饰创编法

舞蹈啦啦操成套框架完成后，为了增强创编的美感与艺术性，创编者需对其进行细节的修改，在已有的动作中增加或减少动作。这种增加或减少的变化可以是动作数量的变化、动作难易程度的变化、动作冲击力的变化、动作移动的变化等。

修饰创编法主要针对动作的细节，如部分动作与音乐是否融合，段落间的连接是否流畅，动作的面向、角度是否体现美感等；有些动作需要通过修饰创编法来及时完善，力求达到理想的效果。

（二）组合创编法

采用组合创编法是指根据主题、音乐风格特点及运动负荷的需要，按照舞蹈啦啦操动作创编原则和方法，将两个或两个以上独立的技术动作通过巧妙地结合或重组，形成新的技术动作或成套组合动作的一种方法。舞蹈啦啦操的成套组合动作既可以是同一类型动作变化为多个不同风格的动作，也可以是不同类型多个单独动作进行适当重组，最后完成成套动作的创编。

（三）转换创编法

采用转换创编法是指在原有动作的基础上进行方向、面、节奏、位置、速度、强度、幅度等方面变换的一种方法。在原有动作的基础上运用转换创编法，可以创编出多种舞蹈啦啦操动作。成套动作设计的多样性要从动作的创编及动作与动作之间的连接等方面入手，力求使动作丰富多样、不断创新，把有限的动作通过巧妙多样的组合变为无限的动作，成为具有较高锻炼价值的舞蹈啦啦操动作。

成套动作是否流畅、自然，离不开连接与过渡动作，动作之间的转换须轻松、自然。因此，在舞蹈啦啦操的创编中，要合理地运用转换创编法，使动作之间的衔接巧妙、流畅、合理，富有创造性。

三、录像分析法

录像分析法是指通过观看所要参加级别或高一级别的比赛录像，从比赛套路中吸取精华，从而对创编者创编成套动作起到一定的启发作用的一种创编方法。一般在观看比赛录像时，主要从以下几个方面进行参看。

（一）参看成套结构

所谓参看成套结构是指在参看比赛套路时主要参看成套动作与音乐结构的关系。在进行舞蹈啦啦操创编时，需注意成套动作的结构组成是否合理。

（二）参看难度分配

所谓参看难度分配是指在参看比赛套路时主要参看成套动作中难度动作的分配规律。首先要参看难度分值的分配，其次要参看难度动作组别的选择，最后要参看难度动作在成套动作中的位置。在进行舞蹈啦啦操创编时，创编者需考虑难度动作的合理分布，适当提高难度有利于增加成套动作的观赏性。

（三）参看基本操化动作的连接

所谓参看基本操化动作的连接是指在参看比赛套路时主要参看成套动作中基本操化动作之间的连接是否顺畅，如参看一个动作的结束是否是另一个动作的开始。

（四）参看过渡与连接动作的创编

所谓参看过渡与连接动作的创编是指在参看比赛套路时主要参看过渡与连接动作是否新颖。新颖的过渡与连接动作会给人留下深刻的印象，同时烘托成套动作的主题表现。通过参看过渡与连接动作的创编将会给创编者以提示和启发，使其创编出更加优秀的成套动作。

（五）参看托举与配合动作的创意

所谓参看托举与配合动作的创意是指在参看比赛套路时主要参看成套动作中托举与配合动作的创意，参看其如何更好地体现音乐的主题。成套动作中托举与配合动作是体现成套动作构思、音乐主题的关键动作。因此，在进行舞蹈啦啦操创编时，参看托举与配合动作的创意对成套动作的创编有非常重要的启发作用。

（六）参看独特的风格呈现

所谓参看独特的风格呈现是指在参看比赛套路时主要参看成套动作中对于舞蹈风格的呈现效果、表现力。例如，通过参看比赛中优秀队伍成套动作独特的风格呈现，能够在风格呈现上给予创编者独特的思考与理解，从而有利于创编者在创编过程中更好地呈现舞蹈风格的成套动作。

四、风格、灵感创编法

（一）舞蹈风格创编法

在创编过程中，创编者应充分体现音乐与动作风格的一致性，动作风格设计时应将更多的具有代表性的舞蹈经典动作及时尚流行元素融入成套动作中。例如，在街舞舞蹈啦啦操中，常将街舞中Hip－hop、Popping、Locking、Breaking等基本元素与成套动作相融合，从而凸显街舞舞蹈啦啦操的风格。

（二）音乐启发创编法

音乐启发创编法是指通过音乐的结构、风格、意境、节奏等启发创编者的思维，对素材进行合理地运用，从而产生灵感进行创编的一种方法。音乐是一门独立的艺术学科，它有着自己完整的表现形式与体系，它能够很好地表达人们的情感，展示出特有的文化特征与内涵。每一种文化又是多角度、多形式、多种类的表达和反映，这就为创编者在创编成套动作时提供了丰富的营养与血液。

（1）结构。

一首动听的音乐作品一定是打动人心和令人难忘的。创编者得到一首音乐就应该反复聆听，揣摩音乐的开始部分、中间部分、结束部分。例如，一首音乐作品的开始部分像号角一样动感有力，创编者就应使动作具有冲击力。音乐的结构从乐节、乐句、乐段，直至乐章都有着自己显著的特性，而这些节、句、段、章为套路与动作段落的划分提供了帮助。

音乐除了段落还有高潮部分，高潮部分也可以分为主要高潮与次要高潮，从而使乐曲跌宕起伏，这就为创编者安排动作的起伏提供了依据。因此，创编者在分析音乐作品时要特别注意音乐作品高潮的分布与处理，尤其须重点考虑动作强度、风格呈现与音乐的起伏之间的配合，同时还应考虑难度动作的分布。

（2）风格。

音乐风格与地域、时代等有着密不可分的关系，一种风格的音乐往往和一种风格的舞蹈相对应，这对创编者运用动作素材起到了极大的促进作用。因此，创编者应尽可能地使动作风格与音乐风格相一致。

（三）多向思维创编法

多向思维创编法是指在创编过程中使信息朝多个方向扩散，以引出更多的新信息的一种创编方法。由于创编过程中所需的创造性思维需要产生不同寻常的思维结果，因此它要求人们从单向思维转向多向思维，在逆向、侧向、发散等思维辐射和转移中寻找各种具有独创的新设想。对多向思维能力的运用，应注意对某一问题的思考要从全局出发，提出新的创编思路；当思维在某一处受阻时，应善于及时变换思维走向；当久思不得其解时，可引导注意力转向其他领域，寻求新的启示。创编者想要获得舞蹈啦啦操的创编灵感，需从街舞、爵士舞、体操等不同的项目中得到启发，然后通过分析、理解和归纳相关信息，形成自己的创编思路。

（四）联想创新创编法

联想创新创编法是指从对单个事物的思考，联想到另一个或几个事物的思考，从而获得一种新的创编思路的创编方法。创造性思维的本质在于发现原来以为没有联系的两个或几个事物之间的联系。因此，联想思维可对创造性思维产生积极的引导和铺垫作用。灵感思维是指对事物的本质或规律突如其来的顿悟与理解，以及使问题得到解决的瞬间思维方式，联想创新需要灵感思维。当灵感到来时，将瞬间即逝的灵感思维紧紧抓住，并及时加工成创新设想，这是通过紧张而深入的探索之后产生的思维成果，具有突发性和瞬时性特征。当灵感思维出现时，往往稍纵即逝，所以，要及时记录下灵感思维的内容、保持思维热线并适时向纵深扩大思维成果。灵感的产生与积极的思维活动、丰富的知识经验等因素有关。因此，在日常生活中，创编者要积极思考，对多个事物进行联想，只有这样在进行舞蹈啦啦操创编时才不会思路枯竭。

（五）环境灵感创编法

环境灵感创编法是指将在特定的环境中产生的灵感运用于舞蹈啦啦操创编的一种方法。此方法适用于为不同项目比赛现场助威、互动时进行的表演性舞蹈啦啦操进行创编。当创编者处在一个特殊的环境中时，通过观察周围人的行为动作，就会产生相应的灵感和反应。例如，在橄榄球赛场的助威活动中，创编者可以看到周围的人在这一状态下欢呼的反应，相应的在舞蹈啦啦操中根据助威人群创编具有特定意义的动作，把它应用于舞蹈啦啦操的表演互动实践当中。这种创编方法灵活实用，但需注意的是，创编出来的动作要进行再加工，既要符合舞蹈啦啦操运动的特点，又具有科学性。

以上几种创编方法在实践中不是孤立存在的，而是综合交叉地被运用。我们只有多尝试、多实践才能创编出质量更高、观赏性更强的优秀舞蹈啦啦操成套动作。

第三节　舞蹈啦啦操创编的要素

高质量的舞蹈啦啦操成套动作一定要有层次分明的架构，繁而不乱，动作与音乐起承转合衔接得当，空间的变化及时间的配置要有始有终。舞蹈啦啦操成套动作的架构主要由动作要素、音乐要素、空间要素、时间要素和服装要素构成。

一、动作要素

动作是组成舞蹈啦啦操的基本元素。舞蹈啦啦操将动作与音乐相结合，利用时间与空间的变化表现出不同舞蹈的风格和特点。因此，音乐与动作是舞蹈啦啦操成套动作中的两大要素，其中动作要素又可分为基本动作、难度与技巧动作、过渡与连接动作和托举与配合动作。

（一）基本动作

舞蹈啦啦操的特点就在于以舞蹈动作为基本元素，这里的舞蹈动作与我们在各类舞蹈中看到的动作又不完全相同，舞蹈啦啦操的舞蹈动作是融入各种类型的舞蹈元素，结合舞蹈啦啦操动作的技术特征与要求，并以其特有的形式表现出来的。

花球舞蹈啦啦操侧重手位的规范使用；爵士舞蹈啦啦操侧重明确的舞蹈风格；街舞舞蹈啦啦操侧重身体各部分的分离、控制与律动。

花球舞蹈啦啦操的基本动作（三十六个基本手位）贯穿于成套动作的始终，并且会融合其他舞蹈动作元素，如街舞、爵士舞、芭蕾、现代舞等，这些舞种的风格突出，动作技术有相近之处，动作节奏、力度强弱分明，以及富有表现力，是花球舞蹈啦啦操成套动作创编需重点考虑的动作要素。

爵士舞蹈啦啦操基本动作是啦啦操特有的制动与各种风格的爵士舞的延伸感的有机结合。其主要体现为通过短暂加速、制动定位、末端控制来实现舞蹈啦啦操特有的力度感及肢体动作由内向外的延伸感，即通过延伸制动、松弛有度来突出爵士舞蹈啦啦操特有的美感与强度。

街舞舞蹈啦啦操的基本动作主要体现在走、跑、跳，关节屈伸、转动、绕环等方面，融合了时尚奔放的街舞元素，包括Hip-hop、Locking、Popping、Waacking、Jazz、Breaking等动作，以啦啦操的形式展现。其动作特征既体现了街舞的奔放自由，又体现了啦啦操的控制、积极向上和团队意识。

在创编一套完整的舞蹈啦啦操成套动作时需要做到两个统一：一是动作类型要统一；二是动作类型与音乐风格要统一。首先，创编者如果选择以爵士舞为主的动作类型，这时在其中穿插古典舞类型的动作，就会使成套动作显得杂乱无章。因此，在一套完整的舞蹈啦啦操成套动作中，创编者所选择的舞蹈动作的类型应遵循一定的规律，动作的变换或结合应有章可寻。其次，创编者需关注动作类型与音乐是否匹配，如充满异域风情的舞曲，可以配合一些拉丁舞类型的舞蹈动作，使创编的动作与音乐契合，使成套动作看起来更加完整。

（二）难度与技巧动作

舞蹈啦啦操的难度与技巧动作分为转体类、跳步类、翻腾类、平衡与柔韧类四种。

转体类难度动作可分为原地转体和行进间转体两类，其中原地转体类难度动作包括阿拉C杠、挥鞭转、吸腿转、阿提秋、无支撑后垂地转体、抱腿转、巴赛转等动作；行进间转体类难度动作包括平转、串翻身等动作。研究发现，在创编中转体类难度动作除了运用传统的芭蕾舞七种手位进行创编以外，结合花球舞蹈啦啦操的三十六个基本手位进行创编也会产生不一样的效果。例如，在进行巴塞转体时手位变化为W—O—高V，挥鞭转时依次使用高冲拳手位，阿拉C杠转体时依次使用斜线手位等。

跳步类难度动作要求队员具有较好的腾空能力、身体控制力和爆发力，发力干脆利落，空中动作标准。舞蹈啦啦操跳步类难度动作可分为屈体分腿跳、跨跳、跨栏跳、莲花跳、鹿跳、燕式跳、单腿变身跳、反身跨跳、剪式变身跳、旋子、紫金冠跳等动作。跳步类难度动作可与花球舞蹈啦啦操三十六个基本手位相结合，如高V手位发力向上，与跳步类难度动作发力方向一致，能更好地表现动作的特点。

翻腾类难度动作是难度技巧类动作中被选用较少的动作，原因在于翻腾类动作的完成不仅要求队员具备较强的力量素质，尤其是手臂及腰部的力量，还要求队员具有较好的空间感和良好的身体姿态。因此，翻腾类动作失误率较高，集体完成时需队员之间配合的默契程度要高。对翻腾类难度动作进行创编时，需考虑队员的竞技能力及呈现的视觉效果。此外，在《2014版啦啦操竞赛规则》中对空翻、翻腾类技巧动作也做出了明确的限制。

平衡与柔韧类难度动作需依照芭蕾舞中的开、绷、直、立四大技术特征来完成。此类难度动作包括垂地、抱腿、劈腿、控腿等动作。完成此类难度动作要求队员具备较好的柔韧性和一定的核心控制能力。因此，在训练中教练员要融入舞蹈软开度及控制类技巧的练习，提高队员平衡与柔韧的能力。

对成套动作中难度技巧类动作的合理创编能够体现团队的整体竞技能力，高质量、高水平的难度技巧类动作在成套动作中可以起到画龙点睛的作用。但是，在成套动作中对难度技巧类动作选用上既不是越多越好，也不是越难越好，而是需考虑队员自身及队伍整体的竞技能力，能否高质量、一致地完成动作。同时，也可为技术水平高的队员选编独特的难度技巧类动作，目的是既能体现其个人能力，也能给成套动作增添亮点。此外，设计的难度技巧类动作应出现在符合动作、音乐的主题剧情的位置，同时难度系数的选择应满足成套动作的需要，并不是为了炫技而一味地展现难度技巧。

（三）过渡与连接动作

过渡动作是指从一种状态、位置、风格或造型转换到另一种状态、位置、风格或造型的动作，是成套动作中的转折部分。在舞蹈啦啦操创编中要求过渡动作须在空间上发生改变。过渡动作按空间变化可分为地面空间、站立空间和腾空空间，三者之间可相互转换，即完成空间转化，起到承上启下的作用。

连接动作是指把两种不同样式的动作相互衔接在一起，此类动作不允许出现水平位置的变化。在创编时连接动作要与音乐、配合、造型等内容相结合，使成套动作更加连贯，更加丰富多样。

过渡与连接动作是舞蹈啦啦操成套动作的纽带，它连接着基本动作、技术技巧动作和托举动作等。过渡与连接动作可以表现空间的转化和风格内容的变化，它是创编中不可缺少的要素之一。如果舞蹈动作是舞蹈啦啦操成套动作的轮廓、技术技巧动作是舞蹈啦啦操的血和肉，那么过渡与连接动作就是舞蹈啦啦操成套动作的骨架。创编者需要通过过渡与连接动作将舞蹈动作与技术技巧动作巧妙地连接组合在一起。过渡与连接动作还能够体现成套动作的创新性，它既不像舞蹈动作有既定的风格类型，也不像技术技巧动作分类明确，它可以根据需要不断进行创新。

（四）托举与配合动作

托举动作是指支撑队员通过扶持、推起等方法让执行队员展现出一种造型姿态或体现力量与平衡的动作。托举动作在舞蹈啦啦操中既是亮点也是难点，它需要多人配合共同完成，富有创意的托举动作既可以彰显队员的综合能力，也是提高成套动作质量的手段之一。托举动作可分为动力性托举、静力性托举和派生性托举三类。动力性托举是指执行队员在空中完成转体、翻转、劈腿或旋腿等动作，展现的是执行队员的速度、旋转、力量等方面的能力。静力性托举是指执行队员在空中保持相对静止的状态，展现的是执行队员的平衡、柔韧等方面的能力。派生性托举是指将动力性托举和静力性托举相结合，展现的是多层次、多状态的复杂性托举动作。

配合动作是指两人相互作用的技巧动作，队员之间只要有肢体接触即可算作完成了一次配合，配合动作的设计较托举动作要多。从成套动作创编的均衡性与观赏性角度来看，创新合理的托举动作与配合动作能提高成套动作的观赏性、创新性，成套动作只有巧妙地融入新颖的托举动作与配合动作，才能体现其较高的艺术价值。

二、音乐要素

音乐决定舞蹈啦啦操的风格与感情基调，是舞蹈啦啦操成套动作形成不可或缺的要素。创编者通过对音乐进行二度创作来抒发内心对于生活及情感上的体验与感受。不同的音乐拥有不同的意境与内涵，它可以化身为动作的背景、语言、情感等，在舞蹈啦啦操成套动作的创编过程中，创编者需要发掘音乐中的意境及独特之处，并能引领队员去理解音乐、欣赏音乐，使动作更加贴合音乐。在创编时，音乐的选择并不是单一的，而是由两首或两首以上的音乐剪辑重组而来，这既增加了成套动作的创造性，也赋予了创编更多的可能性。

（一）旋律

旋律又称为曲调，主要由音的高低、长短、强弱构成，将这些要素按照一定的规律组成一系列的音乐线条，就形成了旋律。旋律塑造了音乐的形象，也可以称之为音乐的点睛之笔。当我们听一段音乐时，最先感受到的就是音乐的旋律，它可以最快地引起我们的注意；同时，旋律也是创造音乐形象的主要手段，其基本进行方向有三种：①水平进行，即旋律中某一个音的连续出现；②上行进行，即旋律由较低的音进行到较高的音；③下行进行，即旋律由较高的音进行到较低的音。

创编者可以根据音乐的旋律选择动作的风格、力度与变化。舞蹈啦啦操旋律的选择要结合中西方旋律美的特点，采用单声音乐与多声音乐相结合，既要保证搭配的和谐，也要注重情感的表达。需注意的是，创编者要有针对性、有目的地选择适合队员自身特点及成套动作风格的旋律来创编舞蹈啦啦操作品。

（二）节奏、节拍与拍子

节奏是指音乐中交替出现的有规律的强弱、长短的现象。在舞蹈啦啦操的创编中，音乐与节奏是两个密不可分的结合体。舞蹈啦啦操中的基本节奏Beat是舞蹈啦啦操成套音乐的基础部分，鼓点是其用来配合节奏的部分。它既是成套动作主题风格的显现，也是一段有规律的重复的音乐。舞蹈啦啦操的节奏以快为主，在节奏的选择上以踩点为主。

节拍是衡量节奏的单位，是指在音乐中，每隔一定时间重复出现有一定强弱分别的一系列拍子。节拍与节奏在音乐中是同时存在的，并以音的长短、强弱及其相互关系的固定性和准确性来组织音乐。

拍子是指音的强拍与弱拍的组合方式，就是我们常说的几分音符，它可以是一个四分音符，也可以是一个八分音符。例如，我们最常用的四四拍，就是以四分音符为基础拍，按照强、弱、次强、弱的关系所构成的一种节拍。基本的拍子组合方式有单拍子、两拍子、三拍子，也可以是混合拍子或复拍子。利用不同拍子，创编者可以通过音乐表现出不同的动作质感。

（三）句法音

音乐的句子是由小节组成的，一般情况下两小节为一乐节，两乐节为一乐句，也就是四个小节；乐句又分为前乐句和后乐句，前、后乐句加起来共有八个小节，前、后乐句同时又构成了一个乐段。

大多数的乐句与乐段在音乐中是对称的，创编者在成套动作的创编过程中需要将乐句、乐段与动作、队形结合起来，切忌错误地判断句法音而破坏了音乐的乐句或乐段，造成动作或队形与音乐形成不和谐的关系。

（四）音效

音效是指由声音所制造的效果。它是人工制造或加强的声音，是为增加场面的真实感、气氛或戏剧讯息而加于声带上的杂音或声音。音效是舞蹈啦啦操音乐的亮点，在舞蹈啦啦操音乐创编中，丰富的音效结合动作会给观众带来不一样的听觉感受和视觉冲击，极大地提高了音乐的丰富性、整体性。恰当的音效是舞蹈啦啦操音乐作品的重要组成部分。音效在舞蹈啦啦操音乐作品中用于营造氛围和烘托气氛，将观众与裁判员代入其中，在不经意间给人以美的感受。例如，人声是舞蹈啦啦操音效中的一种，在音乐中加入特定的人声来突出队伍的特点，在舞蹈啦啦操创编中，一字一动的配合经常被使用，有时创编者会运用一字两动的配合来体现舞蹈啦啦操队伍的制动能力和竞技能力。

（五）风格

风格是指艺术作品本身具有代表性的特点，音乐作为艺术作品的一种，其风格种类繁多。音乐的风格又可称之为曲风或是音乐流派。近年来，随着舞蹈啦啦操表演风格的多样化，选择的音乐风格也逐渐多样化，新兴的爵士舞、街舞、拉丁舞、现代舞等不同风格的舞蹈音乐不断地被融入舞蹈啦啦操的音乐中。舞蹈啦啦操创编者不再只是照搬西方的音乐，而是结合我国民族传统音乐进行创编。

三、空间要素

空间要素是指舞蹈啦啦操队员在完成成套动作时所利用空间的情况。空间的运用会带给观众强烈的视觉冲击力。空间有三个维度，分别为长、宽、高。在三维空间中创编者可以通过队员在横向空间中的队形变换、方向变换与纵向空间中的高低层次变换，来合理地利用空间进行创编。

舞蹈啦啦操的空间要素主要体现在两个方面，一是动作的空间要素，二是队形的空间要素。

（一）动作的空间要素

动作空间变化主要通过身体方位纵向空间变化来实现。纵向空间可根据队员的动作特征由低至高分为地面、站立、腾空三个维度空间。例如，队员的手臂方位有高位、中位、低位，以及在这三个方位中的任意一个点进行定位，身体的面前可以由1点至8点任意变化。同时队员还可以通过跳跃动作与地面动作的衔接与变换来实现动作的空间变化，创编者合理地运用空间的多样性变化可以大大提高动作的观赏性。从视觉效果来看，前后两个动作的空间变化越大，给观众带来的视觉冲击力就越大，使成套动作更具有观赏性。舞蹈啦啦操中大部分动作多使用地面空间与站立空间，腾空空间一般用于技巧动作及托举动作，但都是为了结构的完整或表现主题情感。舞蹈啦啦操的创编，将空间运用与情感表达相结合，利用空间来转换情绪，同时与团队完成情况紧密连接。因此在创编过程中，创编者应通过动作空间变化来丰富成套动作并使其更具观赏价值。

（二）队形的空间要素

横向空间是指由长、宽构成的平行于水平面的空间，体现在队员站立状态下的空间运用。横向空间包含队形变化、方向变化、距离变化和位置变化。

在舞蹈啦啦操空间运用中，横向空间队形可分为固定队形和流动队形两类。其中，固定队形成形时间较长，与力度、整齐度、一致性相结合，能给人以气势磅礴的视觉效果；流动队形则可给人带来连续不断的新鲜感，要求队员在短时间内找到彼此间正确的站位点，相对固定队形而言难度系数较大。想要呈现较好的流动性效果，创编者需具备较高的创编技术，队员需具备高度集中的思维意识和较强的团队协作能力。

舞蹈啦啦操的方向通常借鉴舞蹈中的场地基本方向，队员向不同的方向移动会产生不同的视觉效果。把成套动作开始确定的某一面（如主席台、裁判员席等）定位为基本方向的第1点，按顺时针方向，每45°为一个基本方向，将场地分为8个基本方向，分别为1点至8点。在一套动作中队员们既可以同时在一个方向做动作，也可以同时出现多方向的变化，使整体效果呈现多元化。距离也是在舞蹈啦啦操队形的空间变化中需要考虑的因素。它既可以体现在队员间距较小的密集型队形与间距较大的分散型队形，也可以体现在一组队形与另一组队形之间的间隔距离，不同的间隔距离会产生不同的效果。另外，还可以改变队员的位置，如在分组变化的队形中，不同组的队员在相同时间内完成高位或低位等不同位置的动作，形成队形之间不同的位置差异，从而使成套动作层次变化丰富多样。

四、时间要素

时间要素是舞蹈啦啦操创编过程中必须具备的条件之一，和空间要素是同时存在的，舞蹈啦啦操的每一个动作都有延续性，通过这种延续性的不断叠加最后形成了一套完整的舞蹈啦啦操动作。时间要素反映了动作速度和运动过程的持续性和顺序性，它主要影响动作完成的速度与节奏。在舞蹈啦啦操成套动作的创编过程中，时间要素体现在音乐和动作的分配、成套动作创编完成的时间、单个动作完成的时间及各段落动作完成的时间等方面。因此，创编者在创编过程中需要充分考虑成套动作完成的时间及每个动作或动作组合完成的时间，在对成套动作结构进行划分时还需考虑各个部分所占成套动作完成的时间比例。

（一）成套动作完成的时间

《2021版啦啦操竞赛规则》将舞蹈啦啦操集体自选项目成套动作时间规定为不得超过2min15s，双人项目成套动作比赛时间不得超过1min30s，计时从第一个动作或音乐的第一个音符开始，在最后一个动作或音乐的最后一个音符结束。

（二）单个动作完成的时间

在舞蹈啦啦操创编过程中，同样的动作，用一拍的时间完成和用四拍的时间完成，将会表现出不同的动作质感，这就是利用时间要素改变了动作的速度；同样的两个动作，队员用四拍完成，或者每个动作都用两拍完成，或者第一个动作做一拍、第二个动作做三拍所产生的效果是不同的，这就是利用时间要素改变了动作的节奏。创编者可以选择让队员在相同的时间内做相同的动作，也可以选择让其在相同的时间内做不同的动作，这就是利用时间要素使动作产生对比效果。例如，某个八拍动作的每拍动作都不一样或音乐的节奏很快，这将非常考验每名队员的完成速度与完成质量。因此，创编者应根据每部分的音乐节奏快慢和音乐风格来搭配相应的成套动作。

（三）各段落动作完成的时间

在舞蹈啦啦操创编中，长时间且平缓的音乐节奏，适合动作起伏较大或队形流动较强的动作创编；短时间且欢快的音乐节奏，适合动作起伏不大或队形流动较弱的动作创编。在快节奏的成套动作中，短时间的音乐常用来创编齐舞的层次动作，通过不同方向、不同空间的快速制动表现强烈的层次感；长时间的音乐常用于创编操化动作、难度动作的衔接及过渡连接动作。例如，在创编过渡连接动作时选择长时间舒缓的音乐，通过横向流动层次来表现平静舒缓的情感，渐缓的动作配合渐慢的音乐或者短暂停顿的音乐，再接快节奏的动作配合快节奏的音乐会让人眼前一亮，从紧张、舒缓再到紧张的动作配合音乐不会让人产生视觉疲劳和听觉疲劳。

在舞蹈啦啦操成套动作创编过程中，队员完成动作的速度不可能持续处于快节奏或慢节奏的状态。因此，创编者应通过竞赛与表演等不同性质的成套动作时长来调整各段落动作完成的时间，从而控制成套动作的运动强度。

五、服装要素

舞蹈啦啦操作为肢体表演形式的一种，存在语言表达的不足，单单通过肢体的表现并不能够充分表现舞蹈啦啦操的内涵。这样便凸显了外观包装的重要性，即通过对舞蹈啦啦操队员的服装、妆容、造型的设计，及其与动作和音乐的良好搭配来起到装饰的作用，能够更直观地向观众和裁判员展现成套动作的主题与思想。服装的功能在于修身美体，在竞技体育中不同比赛项目的服装有其独特的风格。

1. 舞蹈啦啦操服装设计需符合成套动作的风格

在舞蹈啦啦操比赛或表演时选用一套符合动作风格的服装，不仅对动作内容起到强化渲染的作用，而且更容易让队员投入到比赛中去。

2. 舞蹈啦啦操服装设计需符合成套动作的需要

舞蹈啦啦操的服装设计须有利于成套动作的展现，不仅不会让队员在做动作时感到拘束，而且还能帮助队员优美、轻盈地完成成套动作。

3. 舞蹈啦啦操服装配饰需符合整套服装的设计风格

设计新颖的舞蹈啦啦操服装，需配合舞美的化妆，以及头上或者身上的配饰。在常规的舞美化妆中，为了使队员在舞台上更加自信和美丽，创编者应尽量遵循舞台化妆的基本原则，有些化妆须符合具有特殊主题思想的成套动作。

4. 舞蹈啦啦操服装选择需符合竞赛规则的要求

在舞蹈啦啦操竞赛中，除了音乐时长、人数、动作、难度、技巧等要遵循竞赛规则的规定外，还要了解关于服装的规定，以免出现不必要的减分或被取消比赛资格等情况。例如，《2021版啦啦操竞赛规则》规定，舞蹈啦啦操队员身着的服装需安全地覆盖身体各个部位。

第四节 舞蹈啦啦操创编的队形变化设计

不同的舞蹈啦啦操成套动作在内容、表现形式等方面是存在差异的，想要展现出舞蹈啦啦操成套动作的内涵，需要在创编时优化舞蹈啦啦操的队形。在舞蹈啦啦操的成套动作中，合理的队形变化设计可以达到良好的艺术表达效果，有利于提高成套动作的整体观赏度。这通常是舞蹈、灯光等所无法实现的。当队员在完成成套动作时，如果队形毫无层次感，则会影响舞蹈啦啦操的艺术表现力及舞台的效果。因此，队形变化设计是舞蹈啦啦操成套动作得以呈现的物质媒介，对于创编者来说，多样的队形变化设计必不可少。

一、舞蹈啦啦操队形变化设计的意义

（一）丰富成套动作的表现形式

随着我国舞蹈啦啦操的日益普及与发展，舞蹈啦啦操的竞赛项目不断增多，成套动作创编的风格与主题日渐丰富，且形式多样。队员不仅通过常规的操化动

作、难度技术等固定因素的运用来展示成套动作，还通过丰富多样的队形变化设计增加视觉效果，来展现队员的精神面貌；同时提高了成套动作的艺术价值，体现了队伍的整体实力及创编水平。

（二）激发队员的表现力和团队协作的能力

舞蹈啦啦操作为集体项目，需要队员之间配合默契、团结协作、互相鼓励。队员在成套动作中展示出的队形变化效果及自信的状态，离不开队员之间长期的磨合与苦练 。创编者需要根据队员的能力创编合理的队形，同时通过创编丰富、多样、独特、新颖的队形来激发队员的表现力和团队协作的能力。

二、舞蹈啦啦操队形变化设计的分类

成套动作队形变化的次数越多，表明队员需要调整的路线就越多，队员完成走位的难度就越大。因此在创编中，当进行队形变化设计时，要求队员具有良好的身体素质，以及团结协作的能力。

（一）根据队形的状态分类

舞蹈啦啦操根据队形的状态变化可分为固定队形变化和流动队形变化两种。在设计舞蹈啦啦操队形变化时，需要注意动作之间的连贯性并要控制动作的节奏与速度，使队形在变化过程中依旧保持动作的质感。

1. 固定队形

固定队形是指从队员之间形成相对固定的位置到另一个队形的改变，呈现出清晰、准确的队形变化。固定队形的使用是为了呈现队伍气势磅礴的力量感和整齐感，并能快速地进行转化，是舞蹈啦啦操常用的一种队形变化。

2. 流动队形

流动队形是指在成套动作中队员在原有队形的基础上进行位置移动，从而产生新队形的变化过程。流动队形的使用使队伍呈现出与固定队形不同的视觉效果及流畅感，其创编难度较大，创编者需具备较强的创新能力，同时也考验队员之间团结协作的能力。

（1）整体移动队形。

整体移动队形是指队员在完成集体动作时向同一方向进行位置移动的队形。（图5-1）

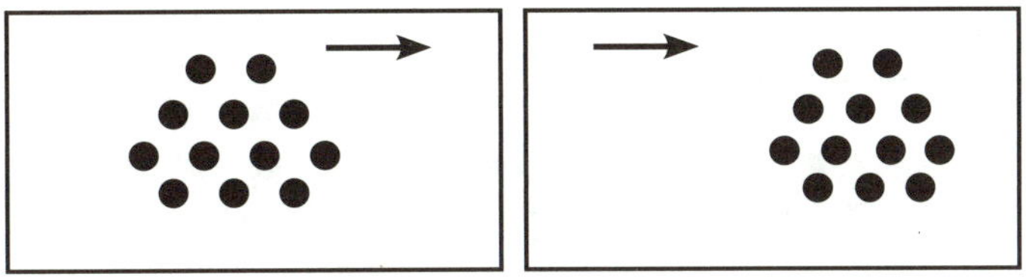

图5-1　整体移动队形

（2）小团体移动队形。

小团体移动队形是指在固有小团体队形不变的情况下，各部分队员通过集体动作移动进行整体的空间位置的改变的队形。（图5-2）

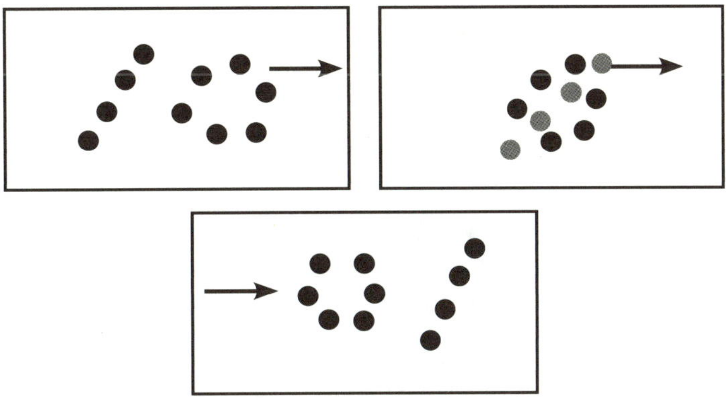

图5-2　小团体移动队形

（二）根据队形的样式分类

根据成套动作中队形所呈现的样式，队形分为三大类：线性队形、面性队形和综合队形。

1. 线性队形

线性队形包括直线队形（垂直线、水平线、对角线）和曲线队形（波状线、弧线）。（图5-3）

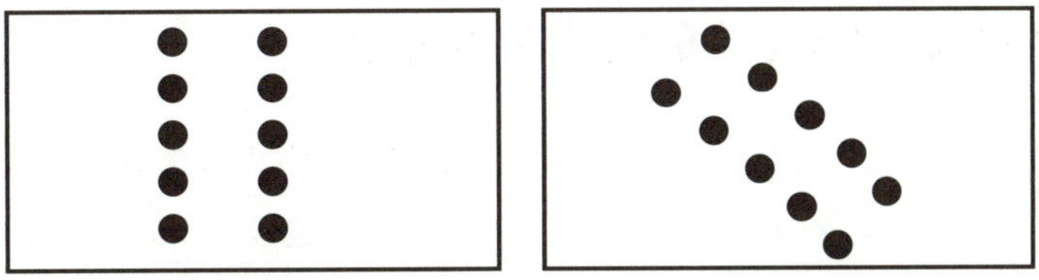

（垂直线）　（对角线）

图5-3　线性队形

2. 面性队形

面性队形包括长方形、正方形、三角形、圆形、梯形、多边形及“Z”字型等

队形。（图5-4）

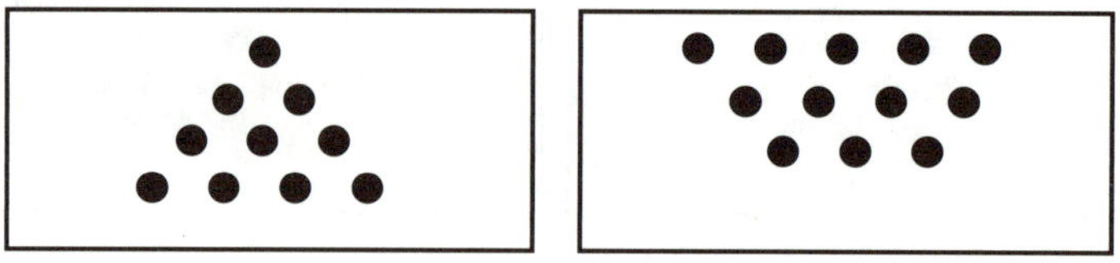

（三角形）　　（梯形）

图5-4　面性队形

3. 综合队形

综合队形是指由两个或两个以上的图形组合而成的，或是直线结合几何图形的复杂队形。创编者可根据成套动作的主题内容设置相应的对称性或非对称性队形。

（1）对称性队形。

对称性队形是指两个相同图形以对称的效果形成的队形。（图5-5）

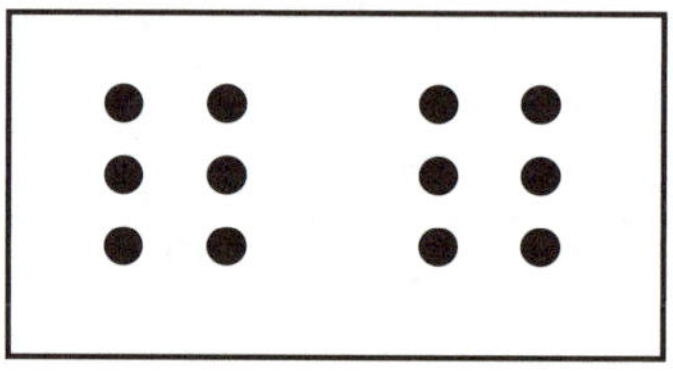

图5-5　对称性队形

（2）非对称性队形。

非对称性队形是将两个或多个图形以散点的效果形成的队形。（图5-6）

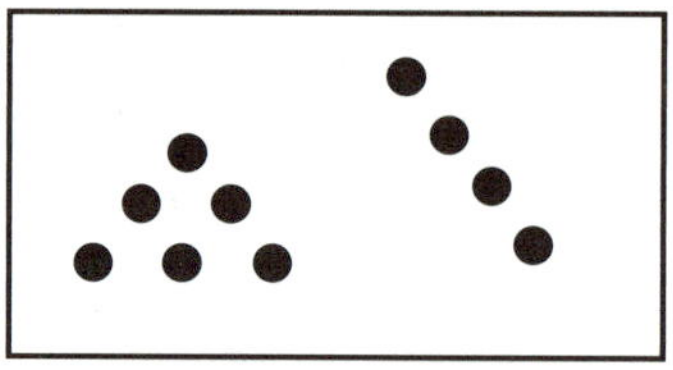

图5-6　非对称性队形

三、舞蹈啦啦操队形变化设计的方法

队形变化设计是呈现丰富多样的成套动作视觉效果的重要手段之一。在成套动作创编过程中，合理运用队形的变化设计，并加以创新，将会使成套动作的展示更具有独特性。

（一）聚集分散型方法/聚集分散性变化

在舞蹈啦啦操成套动作中，保持原有队形结构不变的情况下，队员以中心队员为基准，进行聚拢或分散的变化方法，称为聚集分散型方法。聚集型队形在成套动作中的运用，给人以牢固且团结的感受，而分散型队形则给人一种豁然开阔的视觉冲击感，在不同的成套动作中，需采取不同的队形变化方法。图5-7为聚集性三角形队形通过聚集分散型的方法变化成分散性三角形队形。

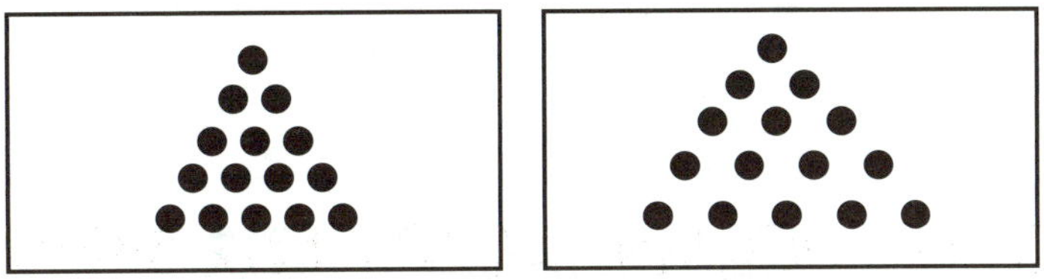

（聚集性）　　（分散性）

图5-7　三角形队形

（二）流动型方法/流动性变化

在原有队形的基础上，队员以舞台中央为基点采用顺时针、逆时针或部分顺时针、部分逆时针的走位方法形成新的队形，称为流动型方法。这种队形的变化给人以流畅、顺滑的感觉，令主题的诠释更加突出。图5-8为梯形队形，队员分成左右两部分，左边的队员以顺时针方向向右移动，右边的队员以顺时针方向向左移动，形成三角形队形。（图5-9）

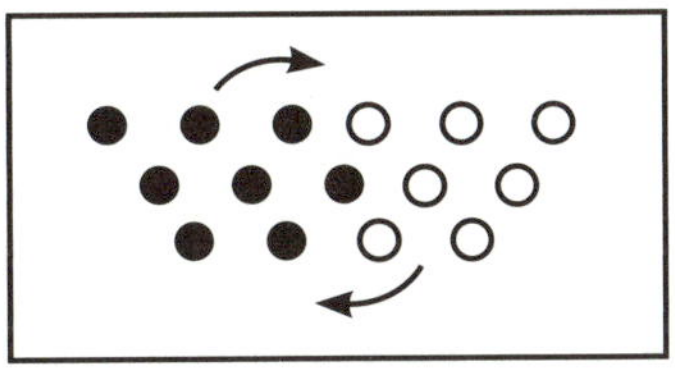

图5-8　梯形队形

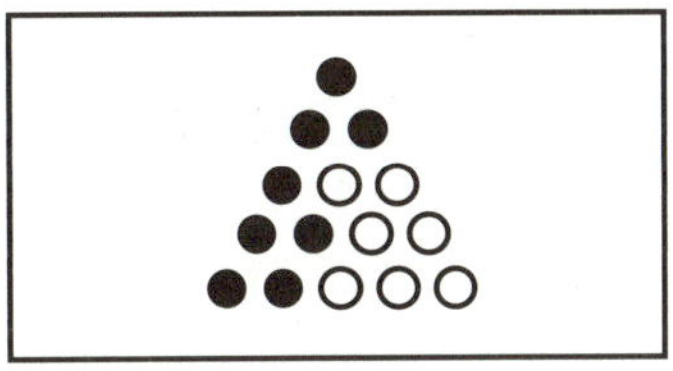

图5-9　三角形队形

（三）穿插型方法/穿插性变化

在舞蹈啦啦操成套动作中，在设计队形与走位时队员通过相交、相切、包含等走位方法，不仅丰富了队员队形变化的方式，还提升了成套动作的视觉效果，使成套动作展示更加新颖、独特。在固定队形中，可适当穿插流动队形，使队伍在有规律、流畅的动作中转化成新的队形变化，不仅增强了队形之间的连贯性，而且使成套动作的视觉效果更具有层次感。图5-10为倒“八”字队形，两列斜排向中间进行相交并分开后，形成图5-11的正“八”字队形。

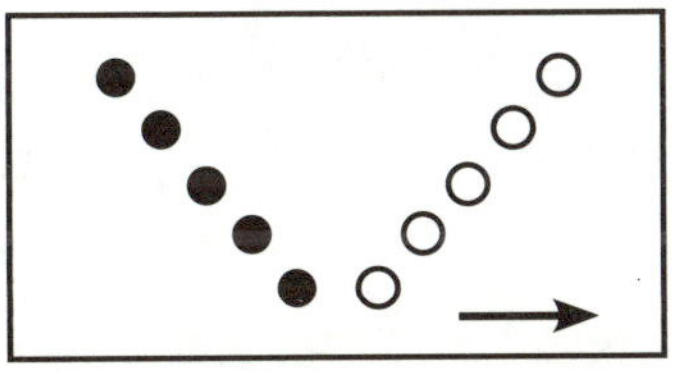

图5-10　倒“八”字队形

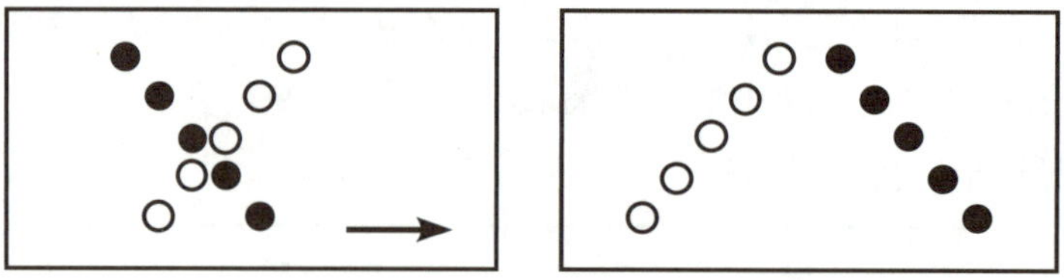

图5-11　正“八”字队形

第五节　舞蹈啦啦操创编的层次变化设计

层次是指系统在结构或功能方面的等级秩序。层次具有多样性，可按物质的质量、能量、运动状态、空间尺度、时间顺序、组织程度等标准划分。不同层次具有不同的性质和特征，既有共同的规律，又有其特殊规律。舞蹈啦啦操层次变化设计具有多种表现形式，包括按空间划分的空间层次变化和按时间划分的动作层次变化。在成套动作中，创编者根据成套动作队形变化、音乐风格及主题等，通过运用队形变化、空间变化等来展现成套动作中交错的层次变化。

一、舞蹈啦啦操层次变化设计的表现形式

（一）空间层次变化设计

空间是指物质存在的一种客观形式，由长度、宽度、高度表现出来，是物质存在的广延性和伸张性的表现。在日常生活中三维空间可指由长、宽、高三个维度所构成的空间，在成套动作创编中空间层次变化设计是经常被用到的元素。

（1）第一维度。

在舞蹈啦啦操中，以地面为一度空间，称为地面空间。

（2）第二维度。

在舞蹈啦啦操中，以人体身高水平的空间位置为二度空间，称为站立空间。

（3）第三维度。

在舞蹈啦啦操中，以人体两脚离开地面的空间位置为三度空间，称为腾空空间。

（二）空间层次组合形式

（1）单一空间层次是指队员的动作是在同一空间水平面上完成。

（2）多组合空间层次是指队员在赛场上出现两种或两种以上维度的成套动作。

二、舞蹈啦啦操层次变化的形式及运用

在舞蹈啦啦操的层次变化动作中，创编者可根据队形变化的形状与特点，将队员按照人数划分成几部分，对比赛场地的平面、立体空间及成套音乐在时间方面的处理进行动作创编，给人带来不一样的视觉感受。

（一）舞蹈啦啦操层次变化的形式

1. 高低层次变化

高低层次变化是指队员在成套动作中当使用相同或不同的空间维度时，不同的身体高度所呈现出来的高低层次。创编者利用区域进行高低层次变化可为成套动作润色，既增加了视觉层次效果，又最大限度地保证了成套动作的整齐度。

2. 依次层次变化

依次层次变化是指队员在完成成套动作时需按照一定的时间间隔和顺序，完成相同的动作或组合动作。依次层次变化的运用对于成套音乐乐段的鼓点及节奏感要求较高，当成套音乐中连续鼓点出现时，动作的依次层次变化增加了听觉效果和视觉效果，使成套动作在音乐的衬托下更具有流畅性。

3. 对称层次变化

对称层次变化是指队员在舞蹈啦啦操成套动作中根据队形的对称性，运用肢体展现动作相同但方向相反的视觉效果。对称层次变化的运用在舞蹈啦啦操、艺术体操、舞蹈等艺术领域普遍存在。在舞蹈啦啦操成套动作中，对称层次变化所展示出来的视觉效果使舞台画面更具有统一感和平衡感。

4. 对比层次变化

对比层次变化是指队员在舞蹈啦啦操成套动作中，通过同时展示同类型（操化、难度、配合）的不同动作或不同的组合动作来呈现更直观的视觉感受，或在相同或不同的空间维度进行展示。对比层次变化的运用在给观众带来视觉冲击的同时，展现了队员之间团结协作的能力。

（二）舞蹈啦啦操层次变化的运用

在舞蹈啦啦操中层次变化的运用使成套动作更加多姿多彩。舞蹈啦啦操层次变化的运用需要通过与音乐、动作、节奏、色彩等元素相结合，营造出成套动作高潮迭起、变化多样的视觉效果。

层次变化的运用应考虑空间与时间的结构关系。在创编过程中创编者需要考虑地面空间和站立空间的队员能够充分运用难度动作、过渡与连接动作、托举动作在地面空间、站立空间、腾空空间之间进行流畅转换，并能体现成套动作与音乐节

奏的完美结合。在运用依次层次变化时，队员之间需默契配合，一名或一组队员完成一个动作的同时，另一名或另一组队员需要无缝衔接完成下一个动作，这样层次变化的效果才能凸显出来。

多层次变化的运用对于创编者和队员来说存在着一定的难度，如舞蹈啦啦操中的一些难度动作、托举动作及过渡与连接动作，既要通过队员的力量素质和身体协调性的综合运用来展现队员的力量美及形体美，又要注重空间层次的变化及音乐节奏的层层递进。创编者将多层次变化与队员干净整齐的动作相结合会令舞台效果更具有层次感与美感。

第六节　舞蹈啦啦操创编的过程

舞蹈啦啦操创编的过程是指创编者在进行舞蹈啦啦操成套动作创编时的先后步骤与流程。它是一项复杂的创造性劳动，从立意到总体构思，从动作素材的选择到套路的布局和处理，从音乐的选择到剪接，每项工作都是非常重要的。按照一定标准有序地将这些步骤与流程进行分析与排列，可以更加明确创编工作的流程，有利于提高创编者的效率与成套动作的品质，也有利于创编者更好地掌握舞蹈啦啦操成套动作的构建与框架结构。

在进行舞蹈啦啦操成套动作创编之前要明确创编的目的。首先要根据创编的目的来确定成套动作的总体结构；其次要构思创编的主题及选择适合的创编方式；最后要根据创编的主题与创编方式的需求进行进一步的创编工作。

一、明确创编的目的

舞蹈啦啦操融合了舞蹈、音乐等特点，具有较强的艺术性及表现力，作为一项独具特色的体育运动，其有完善的竞赛组织、竞赛规则与评分方式。因此，竞赛型舞蹈啦啦操成套动作的创编需要根据竞赛规则的具体要求对成套动作的结构进行组织与分配，同时根据队员的运动能力，选择适当级别的难度与运动强度。

创编者要明确创编的目的。舞蹈啦啦操创编的目的包括以下三个方面。

（1）竞赛类型。

竞赛类型的不同决定所采用的比赛规则的不同，如世界啦啦操锦标赛和世界大学生啦啦操锦标赛所采用的比赛规则就有所不同，这就决定了创编者所选择的难度动作是不同的。

（2）比赛对手。

参加不同类型的比赛，比赛对手都有所不同。根据不同的比赛对手进行创编，可以更好地分析比赛对手的实际情况，制定不同的比赛战术。

（3）比赛目的。

比赛目的直接影响着创编者的创编思路。例如，若比赛的目的是想取得好成绩，创编者则会根据比赛所要达到的预期目标进行创编；若比赛的目的是积累经验，创编者则会根据队员的具体情况和比赛的实际情况进行创编。

二、选择适合的创编方法

成套动作的创编方法可分为两种：一是先创编动作后选配音乐；二是先选择音乐后创编动作。

1. 先创编动作后选配音乐

此方法的优点在于创编者可以随心地创编动作，弊端在于需要根据动作选配音乐。一般来说，创编者很难做到完全理解动作创编的细节且使动作与音乐完全一致。因此，在现实的创编工作中，创编者不常采用此方法，原因是此方法难度较大，耗时太久。

2. 先选择音乐后创编动作

在日常的创编工作中创编者一般会先选择音乐，再进行动作的创编。但是，这种方法也有弊端，容易让创编者在创编动作时受音乐风格与节奏的限制。因此，创编者只有将音乐与动作进行反复地修改与磨合，才能创编出令人满意的成套动作。

三、音乐的选择与制作

音乐作为舞蹈啦啦操成套动作的组成部分，在创编过程中起到了至关重要的作用，是创编的灵魂。音乐的主要作用是对动作气氛的烘托，使成套动作在音乐的伴奏下更加完美、更具有艺术性。在舞蹈啦啦操成套动作的创编过程中，不论是花球舞蹈啦啦操、爵士舞蹈啦啦操、还是街舞舞蹈啦啦操，都需要寻找符合舞蹈啦啦操项目特点与成套动作风格的音乐。仅有一首好听的音乐是远远不够的，还必须创编一套符合音乐情绪与节奏变化的成套动作，才能使音乐与动作相辅相成，即用音乐来突出成套动作的独特个性，根据成套动作的结构或者具体要求来组织音乐的结构，抑或是根据音乐的结构来调整成套动作的结构。

（一）音乐的选择

选择一首合适的音乐，可以使队员扬长避短，更好地展现成套动作的风格特点。在舞蹈啦啦操创编过程中音乐的选择需考虑以下三点。

第一，要考虑音乐的节奏和速度。音乐的节奏和速度决定了成套动作的节奏和速度，动作的节奏和速度直接影响成套动作的运动强度。同样时长的音乐，节奏和速度越快的动作运动强度也相应增加。因此，创编者应根据队员的能力选择适合的成套动作音乐，以便达到最佳的运动强度。

第二，要考虑音乐的风格。只有动作与音乐风格协调一致，相得益彰，才能将成套动作的特色与音乐的灵魂展现得淋漓尽致。

第三，要考虑音乐的旋律。当进行舞蹈啦啦操成套动作创编时，为了创编具有较强视觉冲击力的动作，创编者会选择一些力度与幅度较大的动作。在选择音乐时，需考虑旋律的强弱，使动作与音乐在整体结构上产生紧密的联系，让音乐的节奏与动作的变化巧妙结合，创造出独特的韵律感。

（二）音乐的制作

1. 分析音乐风格

优美、完整、独特的音乐风格可以展现成套动作的艺术性，并使创编者产生灵感。其可以突出动作的艺术效果，并为动作注入生命力。在创编成套动作过程中，创编者应对音乐的结构、节奏、旋律、配器等诸多因素进行分析，反复地聆听音乐，去感受和体味乐曲的开始部分、中间部分、结束部分，找出动作与音乐的结合点，利用多种音乐特效，衬托动作的艺术效果。音乐的风格引导和控制着动作的风格。只有了解音乐的风格，根据音乐创编成套动作，才能使音乐与动作和谐统一。

2. 音乐剪辑

（1）在进行音乐剪辑之前，创编者需反复地聆听音乐，充分地了解与掌握音乐的结构，在音乐中寻找灵感，用心去感受音乐的意境，通过动作来表达音乐与感受，根据成套动作的需要选择所需的音乐。

（2）确定成套动作的主题部分，根据成套动作的主题部分选择主题音乐，在剪辑时需确保主题音乐的完整性。

（3）设计音乐的开头与结尾、主体与各段落之间的衔接与过渡。

（4）在对每段音乐进行剪辑时要保证乐句或乐段的完整性，切忌破坏音乐的结构。

（5）每段音乐在衔接的过程中要做到自然平滑，选择旋律和谐的部分进行过渡，避免给观众带来生硬、突兀的听觉体验。

3. 添加音效

添加音效是成套动作必不可少的部分，可以增加成套动作的艺术效果。在成套动作的基本框架建立之后，创编者要对基本动作进行修饰和润色，直至完全确立每一个难度动作和体现音乐风格的个性动作的位置，创编者一般会在这两种动作上添加音效。需注意的是，在体现音乐风格的个性动作上添加音效须与动作风格有着紧密的联系。

四、成套动作创编的步骤

（一）挑选动作素材

动作素材主要来自创编者平时的学习和积累，在确定了成套动作的风格和主题之后，创编者就可以在积累的素材库中寻找和整理符合要求的动作素材，并进行加工和修改，以满足队员运动能力的需要，尤其对具有象征性与代表性的主题动作需进行反复地推敲。音乐的段落与旋律的拍数将主体动作串联起来组成动作段落，并且与音乐的乐句、乐段和谐一致。如果中间出现了一些零碎节拍的差异，可以加入一些简单的过渡动作将其连接起来。

动作素材源于身体各部位可形成的动作，只要身体动作不违背生理结构、符合竞赛规则的要求就可以被运用于成套动作的创编中，从而形成不同形式、不同类型、不同组合的系列动作。首先须找出符合音乐风格特点的基本动作；其次在此基础上派生出许多动作，从而形成许多动作组合；最后需加上配合动作，从而形成成套动作。

（二）技术技巧动作的选择

为了创编一套成熟的舞蹈啦啦操动作，创编者要和队员一起选择适合队员的技术技巧动作。其所选择的技术技巧动作要体现多样性。技术技巧动作分为转体、跳步、翻腾、平衡与柔韧四种类型。创编者在选择技术技巧动作时，应遵循均衡性原则。

（三）过渡动作与衔接动作的选择

舞蹈啦啦操成套动作由不同的动作组合而成，一个动作必须自然轻松地引导另一个动作，以体现成套动作的连续性。一般来说，过渡动作是指连接空间变化的动作。新颖的过渡动作往往会更加吸引观众和裁判员的注意力，能给人留下更加深刻的印象。衔接动作应以自然流畅为主，体现舞蹈啦啦操成套动作的流畅美、动感美和层次美。需注意的是，过渡动作与衔接动作的选择应尽量减少停顿感，这是提高运动强度的基本要求。

（四）托举配合动作的选择

托举配合动作是舞蹈啦啦操成套动作中的重要组成部分，是指在成套动作中一名或多名队员被托、举、支撑或抬离地面的动作。其结构不能超过两个人的站立高度，同时被托举者在完成动作过程中须与同伴保持接触。新颖的托举配合动作应紧密围绕成套动作的主题和风格进行创编，并能体现成套动作的创造性。托举配合动作不需要太复杂，能将音乐和成套动作的主题恰当地表现出来即可。这样不仅可以增进队员之间的感情交流，而且可以体现集体项目表演的完整性。

（五）建立成套动作框架结构

框架结构就相当于人体的骨骼，它支撑起整个成套动作。舞蹈啦啦操框架结构的建立依据三个基本部分，即开始部分、中间部分、结束部分。一般音乐的开始部分为“序”，结束部分为“终止”，这些“序”与“终止”中音乐的节奏与配器往往具有独特的吸引力。成套动作中的每一个环节都与音乐的结构相呼应，创编者只有充分地发挥想象力与创新能力，才能创编出新颖的、具有独创性的成套动作。

（六）组合动作

组合动作是指将每个单一的动作按照音乐及成套动作的要求串联起来形成一串动作，可以按照先后顺序进行组合，也可以打乱顺序重新进行组合，或根据创编者的灵感自由组合。舞蹈啦啦操组合动作既要表达音乐的思想内容，体现音乐的情绪、内涵和风格；其快慢节奏也要与音乐相适宜，充分体现成套动作的艺术性。组合动作的创编是在总体布局与动作设计的基础上进行的，是把成套动作的创编化整为零。成套动作是由单个动作组合而成，音乐作品的各个细节直接影响着成套动作及其结构特点。因此，成套动作的设计，包括难度动作、小巧的联合动作和造型动作的设计及在场上的移动，都取决于音乐的风格、旋律和表现形式。因此，选配合适的音乐是成套动作创编成功的基础。在音乐中体现动作的风格，在动作中表现音乐的情感，做到声在形中、形在身中，身形一体，力求思想性和艺术性的和谐统一。

（七）设计队形路线

队形变化既是舞蹈啦啦操成套动作的一大亮点，也是创编过程中的重要环节，丰富而流畅的队形变化能为成套动作增光添彩。在舞蹈啦啦操成套动作中，队形变化并非使用得越多越好，队形变化得太多会增加队员的完成难度，影响成套动作的一致性与完整性；队形变化得太少又会显得单调乏味，缺乏观赏性。因此，创编者需根据成套动作的框架结构选择适量的队形变化，达到自然流畅的效果。

（八）组合成套动作

当基本组合动作创编完成之后，创编者需按照框架结构组合成套动作，关注前后动作是否顺畅，是否符合创编者的整体构思，并进行适当的调整。将成套动作组合构建好之后，创编者需采用不同的方法将原有的队形进行切割分组，通过改变队员完成动作的顺序或者节拍来创造一些对比动作，增加成套动作的层次感。需注意的是，在完成组合成套动作时，技术技巧动作的安排须根据音乐的结构、队员的竞技能力、技术技巧动作的空间运用等因素来确定其在成套动作中的先后顺序。在确定技术技巧动作时，创编者须考虑其对场地和空间的使用。

五、成套动作的评价与修改

当成套动作初步创编完成之后，创编者首先要进行初步的实践，其次须根据竞赛规则、创编的目的、创编方法和创编步骤对成套动作进行修改；也可以利用多媒体的拍摄进行进一步的评价与分析，将动作的瑕疵部分进行进一步的修改，从而使成套动作更趋合理和完善。如果成套动作有不足之处，修改工作通常要在成套动作创编完成之后进行，但有时修改工作会在创编时同步进行，边创编边修改。需注意的是，不要过多停留在细节问题上，如果过于注重细节问题，往往会使创编陷入困境，停滞不前。如果成套动作创编完成之后再进行修改，则可以全面地对成套动作进行分析，也可以与其他动作进行比较，直到其定型。

第六章 舞蹈啦啦操竞赛的组织与裁判员工作

第一节 舞蹈啦啦操竞赛的组织工作

一、赛前筹备

（一）舞蹈啦啦操竞赛知识

1. 比赛种类

舞蹈啦啦操比赛规模有世界性的和全国性的。世界性比赛包括世界啦啦操锦标赛、世界中小学生舞蹈啦啦操锦标赛等；全国性的比赛包括全国啦啦操锦标赛、全国啦啦操联赛、中国大学生啦啦操锦标赛等。

2. 项目类型

舞蹈啦啦操项目类型包括集体舞蹈啦啦操（花球、爵士、街舞、高踢腿）和双人舞蹈啦啦操（花球、爵士、街舞、高踢腿）。

（二）舞蹈啦啦操赛前筹备工作

1. 成立竞赛组织委员会

赛前筹备会由主办单位召集有关单位及部门的有关人员出席会议。会议的主要内容是商议并落实有关比赛的具体事宜，包括竞赛的组织筹备、经费来源、赛事的日程、赛场地点、赛事规模等。成立竞赛组织委员会，确定委员会成员，将任务分工落实到具体负责人。

2. 制定竞赛规程

竞赛规程是组织舞蹈啦啦操比赛的重要指导性文件，是比赛筹备工作的依据，也是参赛单位、队员、教练员及裁判员必须执行和共同遵守的准则。竞赛规程一般由主办单位根据比赛的目的来制定，竞赛规程应简明、准确，经主管部门审批，一般应提前半年或至少三个月下发给有关单位及部门，以便参赛单位提前做好参赛准备。舞蹈啦啦操竞赛规程详见中国蹦床与技巧协会啦啦操分会官方网站，此处不做详述。

3. 建立竞赛的组织机构

根据比赛规模的大小，大赛组委会成立相应的竞赛组织机构。竞赛组织机构包括主办单位负责人、赞助单位领导、承办单位负责人、上级领导机关代表、有关知名人士和组委会总裁判长。组织委员会一般设主任一人、副主任一人、委员若干人，它是比赛大会的最高领导机构。大规模或大型综合性比赛，各部门的责任和分工应具体、细致。

4. 召开赛前领队和教练员会议

赛前领队和教练员会议是竞赛中的一项重要内容，一般由组委会主持，各组织机构的负责人和裁判长参加。通常在赛前、赛后各安排一次。赛前会议主要内容包括：

（1）介绍比赛准备情况；

（2）介绍比赛主要负责人和主要工作人员；

（3）宣布比赛日程及有关规定；

（4）解答和解决参赛单位和个人提出的有关问题；

（5）抽签排定出场顺序。

赛后领队和教练员会议主要是安排例会的善后事宜和专门召开技术研究会，总结此次竞赛工作，也为各领队、教练员提供相互交流的机会，为交流比赛和训练的经验、获取前沿的舞蹈啦啦操发展信息提供了平台。

5. 编制秩序册

秩序册是比赛的象征和指南，封面设计应鲜明、美观、有特色，内容应简明、准确、突出比赛的特点。秩序册中可附上精美的舞蹈啦啦操插图、人物介绍、专项宣传等，广告宣传宜放在适当的位置。比赛日程确定之后，应在赛前编制完成并在赛前及时分发给各参赛队及大会有关人员。秩序册的内容有：比赛通知、竞赛规则及上级主管部门有关指示（包括裁判员守则和队员纪律）；组委会及下属各机构名单，裁判员名单，各代表队名单；大会活动日程表，比赛日程及顺序；比赛补充通知；插图及宣传广告资料等。

6. 组织裁判员学习

组委会赛前对裁判员进行分工，组织裁判员学习竞赛规程和竞赛规则，以及如何应对突发事件（如音乐中断等）。裁判员应服从组委会的领导，遵守大会的一切规定，通过学习进一步熟悉竞赛规则，有利于统一评分标准，达到客观、准确、公正、公平。

7. 场地的设备检查

由场地设备处负责准备比赛和练习的场地，准备音响及照明装置，准备裁判员工作用具，如电脑（多媒体）计时器、录入打分系统等，并按队员的出场顺序准备好评分记录单等。

二、 赛中调控

（一）检录

检录员按照竞赛规程在比赛开始前20min，按出场顺序第一次检录，前10min第二次检录，并核对参赛者的组别、项目和号码。

（二）评分

裁判员根据规则中的评分要求对队员完成的动作进行现场独立的评分，并将评分录入电脑，上传至裁判长，并由裁判长做其他扣分。

（三）宣告员

宣告员负责每场比赛的开始和结束、介绍仲裁委员及裁判长，宣布每场比赛的裁判员、退场，宣布出场参赛队的名称、比赛项目及上一场参赛队的得分情况。另外，宣告员可以借助比赛空隙时间对本赛事具体情况进行介绍，做好宣传工作。

（四）记录组

记录员将比赛组别、项目、级别、参赛单位、每名裁判员评分、裁判长扣分录入电脑合分系统，并计算各队的最后得分。由总记录员负责核对、登记、计算和判定名次，每场比赛结束后张贴成绩公告，并在整个比赛结束后各队离会前印发成绩册（或颁发证书、奖状）。

（五）放音员

放音员负责接收、保存、按比赛顺序将各参赛队伍的音乐录入电脑并准确无误放音，保证比赛顺利进行。

三、赛后收尾

（1）裁判长宣布比赛成绩（获奖名单），举行颁奖仪式。
（2）证书、奖杯、成绩册分发各个参赛队。
（3）大会各部门进行赛后总结会议。
（4）接待处安排各参赛单位（领队、教练员、队员）离会。

第二节　舞蹈啦啦操竞赛的裁判员工作

一、啦啦操竞赛规则概述

啦啦操竞赛评分规则不仅是裁判员执行评分的重要依据和尺度，而且也是教练员、队员进行赛前训练和编排成套动作的基本依据，对啦啦操运动的发展具有一定的导向作用。随着啦啦操赛事的增加及竞赛组织工作的不断开展，我国使用的啦啦操竞赛规则发生了很大的变化，继《IASCA国际全明星啦啦队竞赛评分规则（2006—2009年版）》之后，在充分参照国际啦啦操组织编写规则的基础上，结合我国啦啦操运动开展的实际情况，由国家体育总局体操运动管理中心审定重新编写了《2010—2013年全国啦啦操竞赛规则》。基于这一革新性的规则转变，从项目独立性得到认可到全面、系统的国内、国际赛事与系列活动的开展，啦啦操运动的轮廓与内涵、特征与标准正逐渐清晰与规范。为了能够更好地为啦啦操服务，竞赛规则又不断地进行了修改。目前由国家体育总局体操运动管理中心审定颁布的《2014版啦啦操竞赛规则》，自2014年5月1日起执行，该规则包含了《ICU国际啦啦操联盟2013—2014啦啦操规则》《全国啦啦操比赛规定动作评分办法》《全国啦啦操比赛校园课间啦啦操评分办法》《全国啦啦操比赛广场操（舞）比赛评分办法》《中国明星啦啦队选拔办法》共一个规则四个评分办法。该规则较《2010—2013年全国啦啦操竞赛规则》发生了较大的变化，在评分因素上更加细化、完善、合理，新规则成套动作评判要素突出成套动作的总体设计、舞蹈编排内容的创新性、原创性和队形变化的多样性和流动性；难度动作的数量、类别要求均无下限，但对完成质量的要求更加严格；新规则要求裁判员需根据个人的判断进行独立的主观评分。《2014版啦啦操竞赛规则》的制定是在原有的基础上做了一定数量的增加、调整与修改，使评价体系更加完善，同时对教练员的专业水平和队员的素质、技能提出了更高的要求，使啦啦操的发展更具自身特点和发展前途。目前正在执行的是《2021—2024周期啦啦操竞赛规则》。

二、舞蹈啦啦操裁判员组及评分办法

（一）裁判员组

1. 裁判员组组成

舞蹈啦啦操裁判员组由9名裁判员组成，对技术、团队协作能力、编排等方面分别进行评分。

2. 裁判员选派

（1）总裁判长、副裁判长由大赛主办方选派，裁判员由大赛主办方选调和各参赛单位随队裁判员相结合，并最终由全国啦啦操委员会在赛前考核确认。裁判员需自带裁判员装备。裁判员需按规定着装：①男士：白衬衣，藏蓝色或黑色西服套装，黑皮鞋及领带。②女士：白衬衣，藏蓝色或黑色西服套装（裙），黑皮鞋。

（2）辅助裁判员由组委会选派。

（3）仲裁委员会人员的组成和职责按《仲裁委员会条例》的规定执行。

（二）评分办法

舞蹈啦啦操比赛评分采用公开示分的方法，成套动作满分为100分，裁判员的评分需精确到0.5分。

1. 成套动作时间

集体项目成套动作比赛时间不超过2min15s；双人项目成套动作比赛时间不超过1min30s。

2. 比赛的开始和结束

计时开始从音乐第一个音符或队员的第一个动作开始；计时结束为音乐的最后一个音符或队员的最后一个动作结束。

3. 上场时间

舞蹈啦啦操队员被叫到后20s内必须上场，超过20s将予以减分（减2分）；超过60s取消比赛资格。

4. 比赛音乐

（1）音响设备。

音响设备的质量必须达到专业标准，除常规设备外，还必须包括以下必要物品：供队员使用的独立扬声器和音乐播放器（视现场设备而定）。

（2）音乐要求。

①为了简化音乐管理和减少比赛期间的技术问题，建议使用带有USB接口的音乐存储方式（U盘等），并且只使用MP3格式。

②根据组委会要求，每支队伍提交的参赛文件需清楚地标明参赛单位名称、参赛项目名称、参赛队员代表姓名。

③请带队教练员携带一份队员音乐的USB备用版，参赛前一天试场地时与主办方确认是否为比赛音乐，并在本队比赛时派一名教练员到音乐播放处守候，以防音乐出现错误。

（3）音质。

音乐录制必须达到专业级水平。

（4）音乐版权。

①大赛组委会不能保证队员选择的成套音乐允许播放。

②参赛单位必须在队员报名时把所使用音乐的曲目、艺术家和作曲家的名字列单一并交给大赛组委会处。

5. 比赛成绩与奖励

各比赛的奖项设置与奖励办法均按竞赛规程执行。

6. 成绩计算

舞蹈啦啦操比赛的成绩按竞赛规程执行。

7. 评分

竞赛的评分工作是组织与进行裁判员工作的重要组成部分，要求裁判员能够细致准确地完成评分工作，能够按照规则公平、公正地对待每一位参赛者，并在评判中不断地培养和提高评判能力和水平。舞蹈啦啦操项目比赛评分表具体如下。

（1）集体舞蹈啦啦操（花球/爵士/街舞/高踢腿）评分表见表6-1。

表6-1　集体舞蹈啦啦操（花球/爵士/街舞/高踢腿）评分表

队伍名称：　　　　　　　　裁判员编号：　　　　　　　　裁判员：

组　　别：　　　　　　　　日　　期：　　年　　月　　日

技术执行　30分	
风格技术的执行	10分＿＿＿
花球：花球风格技术的完成，需清晰、控制、敏捷、有力且精准	
爵士：爵士风格技术的完成，需身体姿态的优美、动作延展、流动且动作主题明确	
街舞：街舞风格技术的完成，需展现Hip－hop及其他街头流行舞种的身体律动、动作质感等	
高踢腿：高踢腿风格技术的完成，需展现正确的手臂／躯干／臀部／腿部／手部／脚部的位置和动作质量	
动作技术的执行	10分＿＿＿
所有动作技术需体现力量、强度、定位、控制、姿态及专注度	
技术技巧动作的执行	10分＿＿＿
合理选择能够执行的技术技巧动作，且在身体位置准确、技术步骤完整清晰的前提下，展现出技术技巧动作的控制、延伸、平衡和力量	
团队执行　30分	
动作与音乐的同步性	10分＿＿＿
呈现的成套动作与成套音乐契合度	
动作一致性	10分＿＿＿
所有队员动作的轨迹要清晰、干净，定位要精确，呈现整齐划一	
空间性	10分＿＿＿
成套动作的站位、移动过程中，要求每名队员的位置和间距准确	
编排　30分	
音乐性/创造性/原创性	10分＿＿＿
音乐的选用应具有独特性、创造性和主题性，同时通过编排展现动作与音乐的呼应，衬托音乐中的鼓点、节奏、风格、歌词等内容	
成套表现/视觉效果	10分＿＿＿
丰富多样地使用队形和流畅的移动，并通过团队协作、地面动作、高低变化、层次变化、动作对比等体现成套动作在赛场中的视觉效果	
成套动作价值	10分＿＿＿
利用编排呈现出成套所有动作的节奏变化、力量变化、强度变化、方位变化，并通过动作的衔接、流畅、复杂等方面体现成套动作的整体价值。技术技巧动作的执行将在“技术执行”部分进行评分	
整体效果　10分	
交流/表现力/观众呼应	10分＿＿＿
能够呈现个性、活力且具有表现力、观众呼应力的成套动作表演。要求在相应风格技术下选用合适的音乐、服装和编排来提升成套动作的整体效果	
总分：	
评　语：	

（2）双人舞蹈啦啦操（花球/爵士/街舞/高踢腿）评分表见表6-2。

表6-2 双人舞蹈啦啦操（花球/爵士/街舞/高踢腿）评分表

队伍名称： 裁判员编号： 裁判员：

组 别： 日 期： 年 月 日

技术执行 40分	
风格技术的执行	10分______
花球：花球风格技术的完成，需清晰、控制、敏捷、有力且精准	
爵士：爵士风格技术的完成，需身体姿态的优美、动作延展、流动且动作主题明确	
街舞：街舞风格技术的完成，需展现Hip－hop及其他街头流行舞种的身体律动、动作质感等	
高踢腿：高踢腿风格技术的完成，需展现正确的手臂／躯干／臀部／腿部／手部／脚部的位置和动作质量	
动作技术的执行	10分______
所有动作需体现协调、控制、延展、完整、灵活、准确等特点	
技术技巧及特殊动作的执行	10分______
成套动作中踢腿、跳步、转体、配合地面、定格等动作的执行	
动作质量	10分______
所有动作技术需体现力量、强度、姿态及专注度	
双人配合 10分	
同步性	10分______
呈现的成套动作与成套音乐契合度 成套动作的轨迹要清晰、定位要精确，呈现整齐划一	
编排 40分	
音乐性/创造性/原创性	10分______
音乐的选用应具有独特性、创造性和主题性，同时通过编排展现动作与音乐的呼应，衬托音乐中的鼓点、节奏、风格、歌词等内容	
成套表现	10分______
丰富多样地运用场地与移动，通过双人配合、地面动作、高低变化、层次变化、动作对比等体现成套动作效果。同时成套动作需呈现双人间的互动与流畅的变换	
成套动作价值	10分______
利用编排呈现出成套所有动作的节奏变化、力量变化、强度变化、方位变化，并通过动作的衔接、流畅、复杂等方面体现成套动作的整体价值	
难度价值	10分______
通过对技术技巧、双人托举、配合等动作的编排体现成套动作的难易程度	
整体效果 10分	
交流/表现力/观众呼应	10分______
能够呈现个性、活力且具有表现力、观众呼应力的成套动作表演。要求在相应风格技术下选用合适的音乐、服装和编排来提升成套动作的整体效果	
总分：	
评 语：	

（3）裁判长减分表见表6-3。

表6-3 裁判长减分表

队伍名称：　　裁判员编号：　　裁判员：

组　别：　　日　期：　年　月　日

违例	减分值	减分
超出时间限制	减5分／裁判	________
技巧啦啦操口号时间不足30s	减 5分／裁判	________
套路中断5s以上	减 5分／裁判	________
托举、金字塔、抛接违例	减5分／裁判	________
难度、技巧、其他动作违例	减5分／裁判	________
舞蹈托举违例	减5分／裁判	________
翻腾违例	减5分／裁判	________
难度、技巧、其他动作违例	减5分／裁判	________
其他规则违例(出现违规广告标贴）	减5分／裁判	________
技巧啦啦操口号结束至动作开始间超过20s	减 3分／裁判	________
服装、鞋、道具、装饰物等的脱、掉落	减 3分／裁判	________
	最后减分：	________
	违例裁判：	________
	裁判长：	________

第七章 舞蹈啦啦操的实践案例

啦啦操作为体现青春活力、健康向上，培养青少年团队合作能力的一项新兴运动，对促进学生素质教育、丰富校园体育文化内涵、促进校园体育文化建设起到了重要作用。集体舞蹈啦啦操则以整齐的动作、动感的音乐、蓬勃的朝气、青春动感的舞姿来展现学生的活力、激情和团队精神。为了响应教育部、国家体育总局倡导的“阳光体育科学健身校园行”，配合开展“亿万学生阳光体育活动”，通过集体舞蹈啦啦操大课间展示、运动会开幕式展演等形式推进啦啦操项目的普及和推广。参与啦啦操练习有助于培养青少年强健的体魄和良好的艺术修养，有利于青少年综合素质的提高和良好性格的养成，也是促进我国全民健身运动、学校阳光体育活动的重要内容和重要手段。

一、花球舞蹈啦啦操成套动作实践案例

（一）花球舞蹈啦啦操成套动作介绍

本套花球舞蹈啦啦操成套动作涵盖了三十六个基本手位，难度适中，音乐节奏动感、欢快。通过基本手位的变化、节奏变化、方向变化、队形走位、层次与空间的变化，使整套动作连贯、流畅，整体内容更加丰富。

本套动作共由二十九段舞蹈动作和难度动作组成，难度动作涵盖了转体类、跳步类、翻腾类、平衡与柔韧类的基础动作，技术技巧动作运用丰富。通过练习本

套动作，队员可以增强手臂的发力、停顿与制动能力，以及成套动作的完成质量，使动作完成与音乐协调配合。

（二）花球舞蹈啦啦操成套动作展示

花球舞蹈啦啦操完整动作、分解动作展示。

花球舞蹈啦啦操
完整动作

花球舞蹈啦啦操
分解动作

二、爵士舞蹈啦啦操成套动作实践案例

（一）爵士舞蹈啦啦操成套动作介绍

本套爵士舞蹈啦啦操成套动作共由十八段舞蹈动作和难度动作组成，音乐舒缓，舞蹈动作简单、美观。通过对基础舞蹈动作进行创编，展现爵士舞蹈啦啦操队员完成成套动作时的气质和状态，队员在学习动作时可以更好地掌握爵士舞蹈啦啦操的发力、控制（尤其是肢体动作由内向外的延伸感），体会完成动作时肢体向远端延伸的感觉。通过反复的动作练习，队员可以逐步提升头、手、眼的配合，以及掌握爵士舞蹈啦啦操基础动作，为提升难度动作的质量奠定基础。

（二）爵士舞蹈啦啦操成套动作展示

爵士舞蹈啦啦操完整动作、分解动作展示。

爵士舞蹈啦啦操
完整动作

爵士舞蹈啦啦操
分解动作

三、街舞舞蹈啦啦操成套动作实践案例

（一）街舞舞蹈啦啦操成套动作介绍

本套街舞舞蹈啦啦操成套动作的音乐节奏动感、欢快，动作的速度变化、幅度变化、强度变化，以及队形、层次的变化都紧密围绕着音乐旋律、唱词、节奏的变化而变化。本套动作共由二十六段舞蹈动作和难度动作组成，舞蹈动作中以Bounce、Up-down基础动作贯穿整个套路，包含头部、肩部、胸部、髋部的分离技术（Isolation），运用定点造型，增加本套动作的记忆点。通过对本套动作的反复练习，队员能够更好地掌握街舞舞蹈啦啦操的发力、速度和律动，为学习其他风格的街舞舞蹈啦啦操做好准备。

（二）街舞舞蹈啦啦操成套动作展示

街舞舞蹈啦啦操完整动作、分解动作展示。

街舞舞蹈啦啦操
完整动作

街舞舞蹈啦啦操
分解动作

参考文献

[1]马鸿韬.啦啦操运动[M].2版.北京：高等教育出版社，2016.

[2]张守和，李玲琰.群舞编导基础理论与技术技法教程[M].2版.北京：中国戏剧出版社，2016.

[3]北京体育大学体育艺术系教材编写组，组编；关颖颖，主编. 音乐知识与体育音乐[M].北京：北京体育大学出版社，2005.

[4] 朗基. 运动员恢复指南：休息，放松，储备能量达到最佳竞技状态[M].毕学翠，译.北京：北京体育大学出版社，2015.

[5]健美操运动教程编写组.健美操运动教程[M].北京：北京体育大学出版社，2013.

[6]匡小红.新编健美操运动教程[M].西安：陕西人民出版社，2010.

[7]郭洪，陈亮，杨鸿.走向均衡：教育评价五级系统开发[M].北京：教育科学出版社，2015.

[8]左溢.舞蹈啦啦操挥鞭转难度动作训练的优化研究[D].成都：成都体育学院，2013.

[9]刘婕.高踢腿啦啦操成套动作创编研究[D].石家庄：河北师范大学，2020.

[10]李体浩.新规则下花球啦啦操编排研究[J].文体用品与科技，2018（4）：18–19.

[11]刘思奥.基于空间视角下舞蹈啦啦操编排的研究[D].武汉：武汉体育学院，2018.

[12]吴碧月.舞蹈创编要素在花球舞蹈啦啦操编排中的应用研究[D].北京：首都体育学院，2020.

[13]王皓.体育院校舞蹈啦啦操艺术表现力训练方法的研究[D].北京：首都体育学院，2013.

[14]孙梅.世界啦啦操锦标赛花球啦啦操集体项目技术技巧动作的研究[D].北京：北京体育大学，2019.

[15]石千惠.我国集体爵士啦啦操成套动作编排水平及影响因素研究[D].北京：北京体育大学，2015.

[16]陈怀蒙.竞技舞蹈啦啦操成套编排要素的研究[D].南京：南京体育学院，2018.

[17]弓思敏.音乐美学视域下舞蹈啦啦操创编中音乐的应用[D].成都：成都体育学院，2021.

[18]陈子桐.花球舞蹈啦啦操难度动作分析[D].北京：首都体育学院，2019.

[19]普卫霞，李雪梅.花球舞蹈啦啦操编排的创新性研究[J].文体用品与科技，2018（8）：75-76.

[20]姜桂萍，田麦久.舞蹈训练对运动员艺术表现力的促进研究[J].体育文化导刊，2010（8）：58-61，67.

[21]张晶晶，胡雪.论啦啦操服饰的艺术设计[J].体育成人教育学刊，2016，32（2）：82-84.

[22]陈真.舞蹈啦啦操编排艺术探究[J].太原师范学院学报（社会科学版），2015，14（6）：112-113.

[23]张卓，文碧璇.舞蹈啦啦操集体花球项目层次编排时空要素特点研究[J].南京体育学院学报，2021，20（11）：63-68.

[24]古涵.音乐在舞蹈啦啦操项目中的运用研究[J].中国学校体育（高等教育），2016，3（12）：59-62.

[25]陈怀蒙，江山.街舞啦啦操成套动作结构探析——以2017年世界啦啦操锦标赛集体街舞前三名为例[J].四川体育科学，2018，37（3）：82-85.

[26]寇薇.“桃李杯”中国古典舞青年组个人优秀剧目中技术技巧选用研究[D].北京：北京体育大学，2018.